나만의 여행을 찾다보면 빛나는 순간을 발견한다.

잠깐 시간을 좀 멈춰봐.
잠깐 일상을 떠나 인생의 추억을 남겨보자.
후회없는 여행이 되도록
순간이 영원하도록
Dreams come true.

**Right here.**
**세상 저 끝까지 가보게**

GG
GRABBARNA GRUS
WE ARE NICE & PURE
TATTOO
พื้นที่ส่วนบุคคล
ห้ามจอดขายของบริเวณนี้
OUT

Take Off Your
Shoes

BAR MAXIM BISTRO
Jägermeister
JACK LIVES HERE
PLAYERS
Variety Bistro

พระพุทธธรรมรักษา อะไรก็ไม่รู้

หมอสมเกียรติ
ตรวจ รักษา
เปิด ทุกวัน ๐๘.๐๐ - ๒๐.๓๐ น.

ตลาดประตู
TOYOTA
D-MAX
ISUZU
ผผ 8
กพ 4

TOCHARDEN
PARTY
60
SALE
60
อุ่นไข่เม็ด
ลองกอง
ลองกอง
แท้
มคิด

สุกี้-ยากี้ ราดหน้าหมูหมัก
30
มัดผักสด
ผัดพริกแกง
ผัดพริกเผา
ผัดกะเพรา
ผัดเปรี้ยวหวาน
ผัดผักบุ้งไฟแดง
ข้าวหมูกระเทียม
ข้าวต้มทรงเครื่อง
ต้มจืดเต้าหู้-รวมมิตร
ต้มยำกุ้ง-รวมมิตร
โป๊ะแตก
แหนมผัดไข่
ไข่เยี่ยวม้ากะเพรากรอบ
หอยลายผัดพริกเผา
ตะน้าหมูกรอบ
ผัดผักรวมมิตร
ข้าวโพดอ่อนผัดกุ้ง
บร็อกโคลี่ผัดกุ้ง

160/5
B

# 태국 남부 사계절

태국 남부는 1년 내내 평균 기온이 22~34도를 웃도는 고온 다습한 열대 기후이며, 봄, 여름, 가을, 겨울로 나뉘지 않고, 우기와 건기로 계절을 나눈다. 4계절이 있는 우리와 계절의 개념이 조금 다르다. 적도 근처에 있어서 1년 내내 더운 것은 사실이다.

우기는 5~10월, 건기는 11~4월까지로 여행 성수기는 건기다. 태국 남부의 야외 활동은 건기인 12~3월 사이가 가장 좋다. 우기라고 해서 종일 비가 오는 것이 아니라 소나기(스콜)가 한 두 차례 몰고 가는 것이라 여행이 힘든 것은 아니다. 최대 성수기는 11~2월인데 방학과 유럽인들의 휴가 시즌이기 때문이다. 12월 성수기를 기점으로 숙소가격이 많이 오른다.

# 끄라비 사계절

5~10월을 제외하면 따뜻하고 무난하다. 겨울을 포함한 건기에 방문한다면, 비는 크게 신경쓰지 않아도 될 정도로 날씨가 좋아서 따사로운 햇살이 관광객을 기다리고 있다.

끄라비는 뜨거운 여름날 해변에서 시간을 보내거나 카페에 앉아 시원한 음료수를 홀짝이기 좋은 휴양지이다. 해변에 벗어나 휴식을 취하고 싶다면, 언제든지 보고 즐길 거리가 수없이 많다.

# Intro

태국 서부에 자리 잡은 끄라비 주의 중심도시인 끄라비Krabi는 태국에서 가장 먼저 사람이 살기 시작했다. 파랗게 솟아오는 샘이 황금빛 석회암 위로 흘러 에메랄드 빛 호수는 끄라비 지방이 관광객들에게 호기심을 불러일으키고 있다. 우뚝 솟은 석회암 바위들 사이에 숨겨진 해변은 아이들을 춤추게 하고 어른들을 꿈꾸게 한다. 그곳에서 사람들은 바위절벽을 오르내리고 오래된 동굴의 비밀을 찾아 나선다. 누구나 모험을 꿈꾸게 하는 동화 속 신비의 땅이 태국 끄라비Krabi이다.

조개화석에서 해변의 4천 만 년이 넘는 시간을 느끼고 롯 동굴에는 오래된 인간의 흔적이 묘한 설렘을 이끈다. 맹그로브 숲의 좁은 물길을 힘들게 해쳐나가다 보면 어느 새 맹그로브 숲이 나온다. 시원하게 트인 강과 바위가 나타나는데, 다시 사람하나가 겨우 지나갈 수 있는 아주 좁은 동굴을 지나가면 산을 원통처럼 뚫어놓은 호수를 볼 수 있다.

인간의 흔적이 남은 큰 머리 유령의 동굴에서 인간의 두개골 보다 큰 두개골을 가진 유령동굴인간을 확인할 수 있다.
3,000~5,000년 전의 동굴벽화는 사냥그림, 제사장 그림이라고 하는데 동굴을 보는 이에게 말을 거는 것 같다.

산책로를 따라 가다보면 물소리가 난다. 여기가 끄롱 톰 온천폭포이다. 오랫동안 온천이 흐르면서 계단식 웅덩이를 만들었는데 목욕탕 욕조처럼 생겼다. 몸에도 좋고 피부에도 좋은 뜨거운 물이 있는 온천이다. 마치 동화 속 나라에 온 풍경이다. 사람들은 자연이 만든 욕조에서 뜨거운 물이 만든 온천을 즐긴다. 온천 속 폭포에서 멀지않은 곳에 또 다른 동화 속 풍경이 기다린다.

완만한 숲길을 한참 가다보면 색다른 바위가 나온다. 흐르는 물에 여러 성분이 석회암을 깎기도 하고 쌓이기도 하면서 독특한 물길을 만들었다. 돌 틈 사이로 난 길을 따라가면 큰 웅덩이가 나온다. 에메랄드 풀이라고 부르는 파란 웅덩이가 매우 크다. 사람들이 한가롭게 노는 이 물빛은 투명한 에메랄드색이다. 깊은 곳이 1.5m깊이에 축구장 반 정도의 넓이로 자연이 만들어준 풀장이다. 한쪽에서는 요란스러운 소리가 들리고 다른 쪽에서는 한가로이 수영을 즐기고 있다.

사람들을 따라 투명한 냇물을 지나고 열대우림의 큰 나무도 지나 30분 정도 가면 파란색이 보인다. 여기가 '블루 풀'이다. 각도와 시간에 따라 다른 색을 보여준다. 사람들이 박수를 치기 시작하면 샘의 바닥에서 기포가 솟아오른다.

프라낭 지역은 깎아지른 바위가 아름다운데 육로로는 갈 수 없어 배를 타고 가야한다. 라일라이 서쪽 해변은 거칠고 우뚝 솟은 깎아지른 듯한 바위 옆으로 얌전한 모래 해변이 감춰져 있다. 평화로운 해변은 아이 같은 동심으로 돌아가게 만들어 준다. 고운 모래 해변은 아이들이 모래성을 만들고 여자들은 편안히 누워 선텐을 하고 있다. 조개껍질을 찾는 아이의 마음은 뭘까?

암벽 등반을 즐기는 바위 위로 200m가 넘는 깎아지른 바위가 솟아 있다. 프라낭 바위는 암벽 등반가들에게 인기가 많은 지역이다. 한쪽에는 작은 연습용 암벽이 있다. 아이들도 야무지게 암벽을 타고 있는 걸보니 나도 해 보고 싶어진다. 용감한 이들은 암벽 등반에 성공했다.

프라낭 해변의 최고의 모험은 산 정상으로 가는 트레킹이다. 낙오자가 속출하는 곳으로 가고 싶다고 갈 수 없다. 고비를 넘긴 도전자에게는 프라낭 해변을 한눈에 볼 수 있는 성과가 주어진다. 호수로 내려가는 길은 잠시 쉬어가는 휴식시간으로 앞으로의 고생에 비하면 아무것도 아니다.

정말 먼저 발길이 떨어지지 않는 곳이다. 좁은 바위틈을 비집고 들어가면 또 낭떠러지다. 도전을 멈추고 돌아가는 이들이 매우 많다. 무모한 도전자들은 꼭 꼭 숨겨진 호수에 도착한다. 뜨거워진 몸을 시원하게 만들어주는 것은 성공한 도전자들에게 주는 선물이다.

프라낭 반도에는 재미있고 아름다운 곳이 또 있다. 모래사장 뒤에는 병풍처럼 솟은 암벽이 해변을 지켜준다. 당연히 암벽 등반을 하는 이들이 멎진 암벽을 구경만 할 수는 없다. 암벽 아래에는 동굴이 있는데 '프라낭'이라는 여신을 모신 곳이다. 이곳 뱃사람들이 다산과 안전을 기원하며 여러 재물을 바치는데 거기에는 남근 조각이 많다. 배를 타고 다시 돌아가면 풍경이 올 때와는 또 다르다.

돌아오면 해가 지고 아름다운 해질 녘 풍경이 펼쳐진다. 갯바위에 아이들이 놀고 해변에는 어부가 고기를 그물에서 걷어내고 있고 그 풍경 속에서 어릴 적 순수한 마음으로 나의 인생을 생각해 본다. 그렇게 끄라비는 휴양지로 유럽 사람들에게 뜨고 있는 핫한 여행지이다. 북적이는 푸켓Phucket을 뒤로 하고 끄라비는 우리에게도 빨리 다가오고 있다.

# 끄라비(Krabi)에서 한 달 살기

태국의 치앙마이Chiang Mai와 방콕Bangkok이 한 달 살기로 떠오르고 있지만 깨끗한 환경과 재미있는 해양스포츠와 아름다운 풍경, 저렴한 물가를 생각하여 추천한다면 태국에서는 끄라비Krabi이다. 안다만해의 아름다운 해안선은 남쪽의 말레이시아인 랑카위Langkawi와 페낭Penang부터 태국의 푸켓Phuket, 피피 섬Pipi Island, 끄라비Krabi까지 이어진다. 푸켓Phuket 여행을 하면 짧은 기간에 신혼여행이나 휴양을 즐기는 단기여행이 대세였던 것에, 비해 최근에는 오랜 기간, 한 곳에 지내며 여유를 가지고 지내는 끄라비krabi에서의 한 달 살기가 인기를 끌고 있다. 태국의 방콕, 치앙마이나 발리의 우붓Ubud이 한 달 살기의 원조로 인기를 끌었다면 최근에는 동남아시아의 다양한 지역으로 확대되고 있다.

태국은 한 달 살기의 원조답게 한 달 살기를 하는 여행자가 많이 늘어나고 있다. 태국의 수도인 방콕Bangkok이나 북부의 치앙마이Chiangmai, 빠이Pai 등에서 한 달 살기를 머무는 여행자가 많이 늘었고 점차 다른 도시로 확대되고 있다. 시대가 변하면서 짧은 시간의 많은 경험보다 한가하게 여유를 가지고 생각하는 한 달 살기의 여행방식은 많은 여행자가 경험하고 있는 새로운 여행방식이다.

내가 좋아하는 도시에서 머무르며 하고 싶은 것을 무한정할 수 있는 장점이 한 달 살기의 최대 장점이지만 그만큼 머무르는 도시가 다양한 활동이 가능해야 한다. 한 달 살기 동안 재미있게 지내려면 해양스포츠와 인근의 유적지와 관광지가 풍부해야 가능하다.
여행지를 알아가면서 현지인과 친구를 사귀고 그곳이 사는 장소로 바뀌면서 새로운 현지인의 삶을 알아갈 수 있는 한 달 살기지만 인근에 활동을 할 수 있는 곳이 제한된다면 점차 지루해지는 것은 어쩔 수 없는 일이다. 저자도 태국의 치앙마이Chiang Mai, 방콕Bangkok, 빠이Pai에 한 달 이상을 머무르면서 그들과 같이 이야기하고 지내면서 한 달 살기에 대해 확실히 경험하게 되었다.

끄라비Krabi의 한 달 살기는 바쁘게 지내는 것이 아닌 여유를 가지고 지낸다는 생각과 저렴한 물가로 돈이 부족해도 걱정이 없어진다. 끄라비Krabi는 규모가 큰 도시가 아니고 해안에 위치하고  한 달 살기를 하면서 다양한 해양스포츠와 아름다운 해변에서 지내기 좋은 도시이다. 해안에 있지만 카르스트 지형의 아름다운 절벽을 오르내리는 록 클라이밍Rock Climbing도 끄라비Krabi의 한 달을 짧게 만든다.
끄라비Krabi에서 모든 레스토랑과 식당에서 음식을 먹어보며 내 입맛에 맞는 단골집이 생기고 단골 팟타이와 해산물 전용 레스토랑에서 만나 사람들과 짧게 이야기를 나누다가 점점 대화의 시간이 늘어났다. 끄라비Krabi가 지루해질 때면 가까이 있는 아오낭Ao Nang 비치로 나가 탁 트인 해변에서, 수영도 하고 선베드에 누워 낮잠을 즐기기도 했다. 여유를 즐기면 즐길수록 마음은 편해지고 행복감은 늘어났다.

끄라비Krabi은 1년 내내 화창한 날씨를 가진 도시이다. 그래서 비가 오는 날이면 커피 한 잔의 여유를 즐기는 순간이 즐겁다. 바쁘게 사는 대한민국에서는 비가 오면 신발이 젖은 채로 사무실로 들어오는 순간 짜증이 생기지만 바로 일을 할 해야 하는 내가 싫은 순간이 많다. 끄라비Krabi에서의 비는 매일같이 내려도 짧고 강하게 오기 때문에 일상생활에 크게 지장을 주지 않았다. 바쁘게 무엇을 해야 하는 것이 아니기에 신발에 빗물이 들어가도 돌아가는 길이 짜증나지 않고 슬리퍼를 신고 빗물이 발가락 사이를 타고 살살 들어오는 간지러움을 느끼며 우산을 쓰고 돌아다녔다. 어린 시절의 느낌을 다시 가지게 되는 순간이었다.

# 1. 저렴한 물가

끄라비Krabi의 물가가 저렴하다는 것은 '사실이 아니다'라는 말이 있지만 관광객을 상대로 영업을 하는 레스토랑으로 먹으러 가는 횟수가 줄어들면 주머니가 두둑해진다.
관광객의 물가는 높을 수 있지만, 매일같이 고급 레스토랑에서 해산물 요리를 먹지 않는 한 끄라비Krabi물가는 저렴하다. 팟타이는 50〜100B(약 1,800〜3,800원)이며, 똠양꿍도 비슷하다. 특히 오랜 기간을 같은 지역의 음식을 먹기 때문에 나의 입맛에 맞는 팟타이와 똠양꿍을 찾아 맛있게 먹었다는 만족도도 높다.

# 2. 풍부한 관광 인프라

끄라비Krabi는 곳곳에 해변이 있고 인근에는 아름다운 작은 섬들이 많다. 그래서 4섬 투어나, 7섬 투어 같은 투어 상품으로 즐길 수 있다. 바닷물 속이 훤히 들여다보이는 해변은 끄라비 Krabi 인근 어디서든 볼 수 있는 풍경이다.
해양스포츠만이 아닌 록 클라이밍Rock Climbing 같은 활달한 활동이나 사원을 오르내리는 일도 하루가 금방 가도록 만들어준다. 또 온천도 있고 자연 풀장도 있어서 관광 인프라가 풍부하다.
여유를 즐긴다고 해도 매일 같은 것을 즐기는 것이 지루해지지만 끄라비Krabi는 지루해질 틈이 없다. 만약 인접한 지역으로 시야를 넓히면 야시장부터 인근 도시인 뜨랑Trang까지 2〜3시간이면 여행을 다녀오기도 좋다.

# 3. 쇼핑의 편리함

끄라비krabi 인근에 빅씨 마트Bic C Mart와 테스코Tesco가 있고, 타운에는 보그 쇼핑센터Vogue shopping center가 있고, 아오낭Ao Nang에는 작은 테스코Tesco매장도 있다. 한 달 살기를 하려면 필요한 물건들이 수시로 발생한다. 가장 저렴한 쇼핑을 하려면 공항 가는 길에 있는 테스코Tesco를 가야 하지만 많은 물품을 구입하는 것이 아니라면 걸어서 갈 수 있는 보그 쇼핑센터Vogue shopping center를 가장 많이 이용한다.

필요한 물건이 있을 때마다 힘들게 구매하거나 비싸게 구매하면 기분이 좋지 않아진다. 그런데 끄라비krabi에서는 쇼핑이 센터가 있어서 저렴하고 편리하게 구매할 수 있다. 근처에 상설 시장도 있어서 맛있는 열대과일을 저렴하게 사 먹을 수도 있다.

# 4. 문화적인 친화력

태국에서 TV를 보면 2~3개의 한국 드라마를 더빙한 드라마가 메인 시간에 방영된다. 그만큼 한국 문화에 익숙하고 한국에 대한 호감이 좋다. 태국은 동남아에서 한류가 가장 사랑받는 나라여서, 한국 드라마, 영화, 음악에 관심이 높으며, 한국 관광은 꼭 한 번은 가보고 싶어하는 사람이 많다. 태국 사람들은 대한민국 사람들을 친근하게 느끼고 대한민국이라면 무조건 좋아하는 효과까지 거두게 만든 게 한류이다.

일부 젊은 한류 팬들은 한류 공연을 보기 위해서 직접 한국으로 원정을 오기도 한다. 수도인 방콕에서는 한국가수의 콘서트가 자주 열린다. 대한민국의 제품들은 태국 어디에서든 최고의 제품으로 평가받고 친근하게 느끼고 있다. 중국 사람들과 중국 제품들이 태국에서 저평가를 받는 것과 대조적인 상황이다. 친밀도가 높아졌으므로 태국에서 친구를 사귀기도 쉽고 금방 친해지기 좋은 나라이다.

# 5. 한국 음식

끄라비Krabi에는 한국 음식을 하는 식당들이 있다. 끄라비Krabi에 있으면서 한식에 대한 필요성을 느끼지 못하지만 한 달을 살게 되면 가끔은 한국 음식을 먹고 싶을 때가 있다. 그럴 때 한식당을 찾기 힘들다면 음식 때문에 고생을 할 수 있지만 끄라비Krabi에는 한식당이 있어서 한식에 대한, 고민은 하지 못했다.

# 6. 다양한 국적의 요리와 바(Bar)

끄라비Krabi에는 유럽 사람들의 겨울 휴양지로 관광을 오기 시작했다. 그래서인지 끄라비 타운krabi Twon과 아오낭Ao Nang 비치를 걷다 보면 다양한 언어를 들을 수 있고, 유럽인들부터 중동 사람들까지 볼 수 있다. 유럽의 배낭여행자와 말레이시아, 인도, 중동 관광객이 늘어나면서 여행자 거리에는 다양한 나라의 음식들을 먹을 수 있는 장점이 생겼다.

이탈리아 요리부터 이집트 요리까지 원하는 나라의 음식을 먹을 수 있으며, 최근에는 저렴한 펍Pub도 생겨서 소박하게 맥주 한 잔을 하면서 밤까지 즐길 수 있다. 루프탑 바Bar, 라이브 클럽Club등 다양한 가게가 생겨서 밤에도 지루하지 않다.

# 1. 정보가 많이 없음

한국 관광객들에게 아직은 생소한 지역이다. 근처 푸켓Phuket이나 피피섬Pipi Island은 관광지로 각광을 받고 있지만, 끄라비krabi는 잠시 들리는 곳, 투어로 잠깐 갔다 오는 곳으로 인식되어 있다. 끄라비krabi의 진정한 매력을 모르는 사람이 많다는 것이다. 하지만 끄라비는 푸켓Phuket이나 다른 섬에 비교해 물가도 저렴하고, 다양한 해양스포츠가 있다.

# 2. 직항 노선이 없음

한국에서 끄라비krabi까지 아직 직항 노선이 없다. 방콕Bangkok에서 국내선으로 환승을 하거나, 푸켓Phuket에서 배나 버스로 이동을 해야 해서 이동시간이 많이 걸리는 편이다. 짧은 휴가로 오기엔 쉽지 않아서, 많이 알려지지 않았지만, 오랜 기간 있을 수 있다면 충분히 매력적인 곳이다.

# 태국 남부 해안의 휴양지 끄라비는 어떤 도시인가요?

태국의 관광지라면 방콕과 파타야, 그리고 푸켓 정도만 알고 있는 우리에게 낯선 지명일지도 모르겠다. 끄라비를 설명하라면 '비현실적'이란 단어를 써야만 할 것 같다. 태국여행은 대부분 휴양지에서의 흥분과 기대이고, 흥분은 '비정상적인 풍경'이라면, 단언컨대 끄라비야말로 최고의 여행지 중의 한 곳이라 할 수 있겠다.

끄라비 일대의 해안과 바다는 온통 비현실적인 풍경으로 가득하다. 파란 잉크에 흰 물감 몇 방울을 떨어뜨린 것 같은 푸른 우윳빛의 바다, 저마다 다른 형상의 기기묘묘한 석회암 산이 솟아있고, 바다 위에 둥둥 떠 있는 것 같은 섬들도 그렇다. 끄라비는 현실과 꿈같은 현실의 경계를 넘나든다. 뒤집어 벗어놓은 양말처럼, 동굴 안에나 있음직한 종유석이 석회암 해안 절벽에 거대한 촛농처럼 흘러내린 풍경이다.
끄라비는 때늦은 휴가로 찾아간 곳이었다. 끄라비로의 여행은 "유럽인들에게 뜨고 있는 태국의 휴양지"라는 사진에서 시작되었다. 해안의 바위들과 섬들이 치솟은 해안절벽을 둘러싸고 있는 낭만적인 라일레이 비치 리조트와 수영장이 나를 끌어들였다.

휴양지로 이름난 푸켓에서 직선거리로는 45㎞, 도로로 거리를 재면 180㎞쯤의 거리다. 푸켓에서 차로 3시간이 걸린다. 우리에게는 낯선 장소이지만 푸켓에서 육로로 3시간이면 닿을 수 있다. 다만 직항편이 없어 푸켓 공항을 통해 갈 수 있다. 쉽게 닿을 수 있는 장소는 아니지만 일주일 정도의 휴양을 원한다면 북적거리는 푸켓보다는 새로이 뜨고 있는 아름다운 끄라비로 가보자.

아름다운 풍경도 풍경이지만, 푸켓 같은 휴양지와는 다르게 아직까지는 관광객들의 떠들썩한 유흥과 환락에 물들지 않은 소박한 모습이 더욱 여행자들을 끌어들인다. 남들 다 가는 태국의 유명 관광지가 아닌 휴가를 원한다면 여기 끄라비를 추천한다.

끄라비가 매혹적인 건 카르스트 지형으로 이뤄진 독특하고 빼어난 경관 때문이기도 하지만, 이미 개발될 대로 개발돼 환락과 유흥으로 가득한 태국의 여느 휴양지와는 전혀 다른 분위기를 갖고 있기 때문이다.

끄라비에는 아직 고요하고 평화로운 바다가 있고, 때묻지 않은 사람들이 있다. 20여 년 전쯤 관광객들로 붐비기 이전의 푸켓이 이랬다. 말하자면 끄라비는 '어제의 푸켓'이다. 푸켓의 소란함과 번잡함에 대한 대안이 끄라비라는 얘기다.

태국은 불교국가지만 끄라비는 이슬람교도들이 40%를 차지한다. 무슬림들은 여성을 상품화하지 않고 술도 입에 대지 않는다. 이런 분위기가 끄라비를 더욱 안전하게 만들어주고 있다.

**빼어난 아름다움으로 치장한 남국의 해변**
끄라비를 찾은 관광객들이 꼭 가고 싶어하는 라일레이 비치는 너무 아름답다.
노을이 물들고 푸른 어둠이 다가오면 해변의 노천 레스토랑의 테이블에는 부드러운 빛의 촛불이 켜진다. 휴식을 찾아 떠나온 이들에게 끄라비가 선사하는 '환상의 시간'이다.

푸켓에 가본 적이 있다면, 피피 섬에 가본 적이 있다면, 이제는 끄라비를 다녀올 때이다. 180여 개의 크고 작은 아름다운 섬들이 당신을 유혹한다.

라오스
베트
농카이
우돈타니
콘 깬
메콩강
치앙마이
람빵
핏사눌록
수코타이
나콘 랏차타니
우본 랏차타
아유타야
칸차나부리
나콘 파농
방콕
캄보디아
메콩
반 림 차방
파타야
사타힙
프라추입 포트
수랏 타니
나콘 시 탐마랏
끄라비
푸켓
승클라

# 한눈에 보는 태국

서쪽으로는 미얀마, 동쪽으로는 캄보디아, 라오스, 남쪽으로는 말레이시아와 국경을 맞대고 있다. 남쪽은 안다만 해와 동쪽은 타이만 해를 끼고 있다.

▶ **국명** | 태국왕국
▶ **인구** | 약 6천 2백만 명
▶ **면적** | 약 5,131만 2천㏊ (한반도의 약 2.3배)
▶ **수도** | 방콕
▶ **종교** | 불교(95%), 이슬람교(4%), 기독교(1%)
▶ **화폐** | 밧(B)
▶ **언어** | 타어어(공용), 중국어, 말레이어

태국 국기는 삼색기라는 뜻의 "트라이롱"이라고 불린다. 빨강은 국민을, 하얀색은 건국 전설과 관계있는 흰 코끼리 즉 불교를 의미하고, 파란색은 국왕을 의미한다. 1917년 라마 6세 때부터 태국 국기로 사용해 왔다.

## 태국인

태국 국민 다수를 이루는 타이족 이외에 말레이인, 중국 운남성에서 이주해온 화교로 구성되어 있다. 북부에는 중국 운남성 지방에서 이동해온 화교로 구성되어 있고, 남쪽으로 내려갈수록 말레이인, 크메르인, 몬족간의 혼혈이 많다. 동남아시아 중심부에 자리 잡고 있어서 다양한 인종들로 이루어져 있다.

# Contents



## 》 끄라비 여행에 꼭 필요한 Info

About 태국

# 불교의 나라

태국은 어디를 가나 불교 사원을 쉽게 볼 수 있다. 공항에 도착하면 제일 눈에 띄는 것이 불교 동상일 정도로 불교는 태국에 지대한 영향을 끼치고 있다. 국민의 95%가 불교 신자일 정도로 불교는 종교 그 자체이다.
우리나라에서는 쉽게 볼 수 없지만, 아침 일찍 거리를 거닐다 보면 맨발의 스님들이 공양받는 광경이나, 스님 앞에서 무릎을 꿇고 합장하는 장면을 쉽게 볼 수 있다.

# 미소의 나라

태국에 도착하자마자 느끼는 건 사람들이 참 순박하다는 것이다. 단순히 관광객들을 비즈니스 상대로 대해서 나오는 그런 미소가 아니다. 그렇게 따뜻하고 정감 있는 미소를 항상 짓는 것은 쉽지 않은 일이니 말이다.

불교의 교리에 따라 자비를 베풀면서 살아서 그런다는 이야기도 있고, 풍요로운 자연환경으로 먹을거리 걱정이 없어서 한없이 여유로운 미소를 짓고 있다는, 이유도 각양각색이다. 다양한 이유만큼 다양한 미소를 가진 나라가 태국이다.

# 음식의 나라

세계 3대 수프 중 하나인 똠얌꿍을 가진 나라답게, 태국은 어디 가나 다양하고 맛있는 음식으로 넘쳐난다. 태국 여행을 하면서 음식이 안 맞아서 여행을 못 했다는 사람을 만난 적이 없을 정도이니 말이다.

일 년 내내 열리는 열대과일, 1년에 4모작으로 넘쳐나는 쌀, 따뜻한 바다에서 잡히는 풍부한 해산물. 이 모든 재료가 풍요로운 태국 음식으로 거듭난다. 여행자들의 가벼운 주머니 사정을 생각하면 태국 음식은 축복 그 자체이다.

## 관광의 나라

단지 물가가 싸다고 해서 사람들은 여행지로 정하지 않는다. 여행에는 각자가 생각하는 목적과 조건이 있다. 태국은 그 조건과 목적에 많은 부분이 부합된다. 지형적으로는 치앙마이와 같은 산악 지역에서부터 에메랄드빛 바다가 있는 끄라비가 있는 남부 해안지역이 있어서 다양한 경험을 가능하게 하고, 문화적으로는 불교, 이슬람 문화, 힌두교 문화, 말레이 문화가 다양하게 혼합되어 있어서, 다양한 볼거리를 제공하고, 치안적으로도 관광을 주요 산업으로 생각해서 관광객들 대상 범죄에 대단히 단호하다. 이런 나라를 그냥 지나치기는 쉽지 않다.

# 자유의 나라

태국의 정식 국호는 태국어로 쁘라텟타이(태국어: ประเทศไทย → 자유의 땅)이다. 이 말과 같이 태국은 동남아시아에서 유일하게 열강의 식민지를 겪지 않는 나라이다. 19세기 영국과 프랑스의 압박에 굴하지 않고, 훌륭한 지도자의 혜안과 노력으로 꿋꿋하게 나라를 지켜왔다. 이런 역사적인 과정을 태국인들은 굉장히 자랑스럽게 생각한다. 식민지가 되지 않아 지금까지 선조들이 물려준 고유의 문화를 잘 지켰으며, 그런 자부심으로 살아가고 있다.

About 끄라비

Krabi Discovery

# 끄라비의 유래

끄라비Krabi라는 이름은 원숭이의 상징에서 왔다고 하는데 실제로 이름은 '칼'을 의미한다. 도시가 세워지기 전에 고대의 칼이 발굴된 전설에서 기원된 것으로 보는 것이 맞는 것 같다. 끄라비에 처음으로 사람이 거주한 것은 기원전 2만 5,000년에서 3만 5,000년까지 거슬러 올라가지만, 글로 기록된 것은 나콘시탐마랏 왕국이 들어선 1,200년으로 보고 있다. 1875년에 방콕의 직할이 되면서 현재의 주인 끄라비Krabi 주가 만들어졌고, 1,900년에 주지사는 주의 중심을 끄라비Krabi 강 하구의 현재 위치로 옮겨 지금에 이르고 있다.

# 생소한 휴양지

푸켓 공항에 6시간을 날아가 내려, 육로로 3시간을 달리면 끄라비[Krabi]가 나온다. 태국 서부에 자리 잡은 끄라비시의 중심도시인 끄라비[Krabi]는 태국에서 가장 먼저 사람이 살기 시작한 끄라비[Krabi] 지방, 이곳이 전 세계 관광객들의 호기심을 불러일으키고 있다.

# 에메랄드 빛 바다와 호수

파랗게 솟아오르는 샘은 황금빛 석회암 위로 흘러 에메랄드 빛 호수를 만들었다. 우뚝 솟은 석회암 바위들 사이에 숨겨진 해변은 아이들을 춤추게 하고 어른들을 꿈꾸게 한다. 그곳에서 사람들은 바위절벽을 오르내리고 오래된 동굴의 비밀을 찾아나선다. 누구나 모험을 꿈꾸게 하는 동화 속 신비의 땅, 태국 끄라비Krabi에 빠져 들어가 보자.

## 때 묻지 않은 천혜의 자연

세계적인 휴양지 푸켓의 명성에 가려졌었으나 유럽의 배낭여행객들에게 떠오르는 관광지인 끄라비Krabi는 생소한 이름만큼이나 순수하면서도 때 묻지 않은 천혜의 자연을 가지고 있다. 태국의 남서쪽에 안다만 해 해안에 떠오르는 관광지가 끄라비주(태국어 : กระบี่)이다. 이웃하는 주로는 팡응아 주, 수랏타니 주, 나콘시탐마랏 주, 뜨랑 주가 있다. 서쪽으로는 푸켓 주가 이웃하고 있지만, 경계선은 없다. 주도는 끄라비Krabi이다.

## 석회암 기암절벽

끄라비 주는 안다만 해 해변에 아름다운 자연 풍경을 가지고 있다. 석회암 암석이 만들어 낸 육지의 산과 바다의 섬이 끄라비를 관광명소로 만들고 있다. 특히 겨울에는 북반구의 겨울을 피해 따뜻한 끄라비에서 전 세계의 클라이머들이 라일라이 동쪽 해변으로 와서 클라이밍을 즐긴다. 라일라이 해변은 끄라비의 프라낭 반도를 구성하고 있다.

# 이슬람의 영향

태국은 전통적인 불교 국가지만 끄라비는 말레이시아의 영향으로 전체 인구의 40%가 이슬람을 믿고 있기 때문에 밤 시간에 태국의 다른 관광지처럼 술집이 야심한 밤까지 영업을 하지는 않고 있다. 아오낭의 중심 상가는 늦게까지 영업을 하고 있지만 상대적으로 다른 유명 관광지만큼 늦은 시간까지 문을 열지 않아서 여유롭게 느껴진다.

# 끄라비에 끌리는 6가지 이유

## 1. 원시 그대로의 자연경관

태국은 관광대국으로 유명하다. 피피섬, 푸켓, 사무이 등 많은 섬들이 유명하지만 때묻지 않은 사람들과 자연이 있는 장소를 관광객들은 원하고 있다. 얼마전부터 새롭게 떠오르는 새로운 태국의 천연 관광지인 끄라비로 여행자의 발길을 옮기고 있다. 푸켓의 번잡함이 싫어진 사람들도 끄라비로 무게축이 옮겨지고 있다.

1. 원시 그대로의 자연경관

## 2. 순박하고 친절한 사람들

태국으로 여행 온 우리나라 사람들은 번잡함을 잊고 조용히 지내고 싶은 여행자들이 많다. 하지만 푸켓은 부산의 해운대같이 관광객으로 넘쳐난다. 심지어는 한글로 된 간판과 메뉴판도 쉽게 보게 된다. 번잡한 관광지로 변해버린 태국의 관광지에 실망하고, 순수한 사람들이 있는 장소를 찾고 있었다. 그곳이 끄라비이다.

아오낭은 끄라비 여행의 시작장소이고 끝이다. 그래서 현지 사람들과의 교감도 중요하다. 태국은 대부분 불교신자이지만 끄라비는 이슬람과 불교가 섞여있는 독특한 장소이기도 하다. 관광지로 변하지 않은 사람들 아직은 상당히 친절하고 호의적이다. 밤에 길을 잃어버려도 자신의 일처럼 발 벗고 나서서 찾아주는 친절함이 끄라비를 더욱 밝혀주고 있다.

# 3. 안전한 끄라비

아직 순수한 사람들이 사는 곳이 끄라비이기 때문에 당연히 안전하다. 태국 여행을 하다보면 안전에 민감해지는 장소도 있지만 끄라비는 밤길에서도 두렵지 않다. 대부분 길을 따라 숙박업소들이 운영중이기 때문에 외진 장소의 숙박장소도 많지 않다.

# 4. 다양한 즐거움이 있다.

태국은 관광대국이다. 끄라비에 관광이 가능할까? 걱정이 될 수는 있지만 끄라비가 떠오르는 이유는 다른 장소에서 즐길 수 있는 해양 엑티비티를 비롯해 많은 즐거움이 있기 때문이다. 클라이밍을 즐기는 클라이머들은 겨울마다 조용히 바위를 오르는 재미를 느끼고 있다. 석회암으로 형성된 아름다운 바위와 산들은 새로운 즐거움을 주고 있다. 만들어진 즐거움이 아니라 순수한 즐거움이 당신을 빠져들게 할 것이다.

# 5. 편리한 여행서비스

끄라비는 태국에 속해 있어 대부분의 엑티비티는 숙소에서 예약을 하고 기다리면 숙소로 데리러 오기 때문에 너무 편리하다. 어디서든 투어와 엑티비티의 예약이 가능하고 신용카드의 사용도 편리하다. 와이파이(Wifi)는 숙소와 레스토랑에서 대부분 가능하여 편리한 인터넷 사용이 가능하다.

# 끄라비(Krabi) 여행 잘하는 방법

## 1. 도착하면 관광안내소(Information Center)를 가자.

어느 도시든 도착하면 해당 도시의 지도를 얻기 위해 관광안내소를 찾는 것이 좋다. 공항에 나오면 중앙에 크게 "i"라는 글자와 함께 보인다. 환전소를 잘 몰라도 문의하면, 친절하게 알려준다. 방문 기간에 이벤트나 각종 할인 쿠폰이 관광안내소에서 비치되어 있다. 끄라비 타운Krabi Town이나, 아오낭Ao Nang 비치로 가는 교통수단도 문의하면 자세하게 알려준다.

## 2. 심 카드나 무제한 데이터를 활용하자.

공항에서 시내로 이동할 때 택시를 이용하거나, 저녁에 숙소를 찾아가는, 경우에도 구글맵이 있으면, 쉽게 숙소도 찾을 수 있다. 구글 맵을 이용해서 숙소를 찾아가려면, 데이터가 필요하다.
심 카드를 사용하는 것은 매우 쉽다. DTAC, TRUE, AIS 매장에 가서 스마트폰을 보여주고 데이터의 크기와 날짜를 선택하면, 매장 직원이 알아서 심 카드를 끼우고 문자도 확인하여 이상이 없으면 돈을 받는다.

## 3. 달러나 유로를 "밧(Bhat)"으로 환전해야 한다.

공항에서 시내로 이동하려고 할 때 미니버스나 택시, 버스를 이용한다. 이때 태국 화폐인 밧Bhat이 필요하다. 대부분 달러로 환전해 가기 때문에 태국 화폐인 밧Bhat으로 공항에서 필요한 돈을 환전해 가야 한다. 시내 환전소에서 환전하는 것이 더 저렴하다는 이야기도 있지만, 큰 금액이 아니면 큰 차이가 없다.

# 4. 공항에서 숙소까지 간단한 정보를 갖고 출발하자.

끄라비krabi 공항에 도착한 여행객들은 버스를 많이 이용한다. 끄라비 타운Krabi Twon, 피피 섬 Pipi Island 선착장, 아오낭Ao Nang 비치 순으로 간다. 요금도 택시에 비교해서 저렴해서 단체가 아닌 이상 버스를 일반적으로 이용한다. 숙소나 리조트를 알려주면 바로 앞에서 내려준다.

# 5. "관광지 한 곳만 더 보자는 생각"은 금물

끄라비Krabi는 쉽게 갈 수 있는 해외 여행지이다. 물론 사람마다 다르겠지만, 평생 한 번만, 이번이 마지막 여행이라는 생각을 하지 말고, 여유롭게 관광지를 보는 것이 좋다. 한 곳을 더 본다고 여행의 만족도가 높아지는 건 아니다. 자신에게 주어진 휴가 기간만큼 행복한 여행이 되도록 여유롭게 여행하는 것이 좋다.

서둘러서 여기저기 보다가 지갑도 잃어버리고, 여권도 잃어버리기 쉽다. 허둥지둥 다닌다 고 끄라비Krabi를 한 번에 다 볼 수 있지도 않으니 한 곳을 덜 보겠다는 심정으로 여행한다 면 오히려 더 여유롭게 여행을 하고 만족도도 더 높을 것이다.

# 6. 아는 만큼 보이고 준비한 만큼 만족도가 높다.

끄라비 관광지는 태국의 역사와 관련이 있다. 그런데 아무런 정보 없이 본다면 재미도 없고 본 관광지는 아무 의미 없는 장소가 되기 쉽다. 2박 3일이어도 끄라비Krabi에 대한 정보는 습득하고 여행을 떠나는 것이 만족도가 높은 여행을 할 수 있다.

# 7. 에티켓을 지키는 여행으로 현지인과의 마찰을 줄이자.

현지에 대한 에티켓을 지키지 않는 대한민국 관광객이 늘어나고 있어서, 대한민국에 대한 인식이 나빠지고 있다. 태국을 여행하기 때문에 태국인에 대한 에티켓을 지켜야 하는 것이 먼저다.

## 8. 감정에 대해 관대해져야 한다.

여행사에 가서 가격을 흥정하거나, 택시를 타기 전에 가격을 흥정할 때 터무니없는 높은 가격을 부르는 경우가 있다. 다양한 경우로 관광객에게 당혹감을 주고 있는 곳이 태국이다. 그럴 때마다 감정 통제가 안 되어 화를 계속 내고 있으면 짧은 끄라비 여행이 생각하기 싫은 여행이 된다. 그러므로 따질 것은 따지되 소리를 지르면서 따지지 말고 정확하게 설명을 하면 될 것이다.

# 끄라비

여행에

꼭 필요한

INFO

# 한눈에 보는 태국의 역사

### 태국의 기원

태국 동북부 반치양 근처 마을에서 약 5천 6백 년전
의 것으로 추측되는 농기구와 채문토기가 출토되었
다. 그때부터가 태국의 기원이라고 보는 학자들이
많이 있다. 이후 모족, 크메르족들이 남쪽의 농사 가
능한 땅을 찾아 강, 계곡을 따라 이동했다.

### 수코타이 시대(Sukhothai Period)

크메르 제국이 쇠태하면서 두 명의 타이 지도자들
인, 쿤 방끌랑타오와 쿤 빠므망은 1238년 크메르 제
국의 북부를 점령하여 태국 민족 최초로 독립 왕국
을 건설했다. 이것이 수코타이 왕조다. (Sukhothai
"행복의 새벽"이라는 의미)
왕조는 3대 왕 람캄행 대왕 때 전성기를 맞이하여 영
토가 현재의 태국과 거의 같은 크기까지 확대되었

다. 1292년 크메르 문자를 개량하여 독특한 태국 문자를 만들어 냈고, 스리랑카로부터 처음
으로 현재의 국교인 소승불교를 확립하였다. 중국과도 외교적으로도 뛰어난 수완을 발휘
하였다.

### 아유타야 시대(Ayutthaya Period)

쑤코타이 왕조의 세력이 약해질 무렵 우통왕이 남쪽
으로 내려가 1350년에 아유타야 왕조를 세웠다. 당시
태국은 북부에 란나, 중북부에 수코타이, 중부에는
아유타야가 있었다. 그 후 세력을 키워 마침내 1378
년 쑤코타이를 병합하여 태국 삼국을 통일해서, 동
남아시아 최고의 강국이 되었다.

16세기 후반 아유타야는 내부 정치적인 문제로 국력이 약화 되었고, 1767년에 버마에게 아
유타야는 함락당하고 파괴되었다. 중심 세력을 읽은 아유타야를 하나로 뭉친 사람이 프라
야 딱신 대왕이었다.

### 톤부리 시대(Thonburi Period)

아유타야 붕괴 후 태국 동부 해안에 피신해 있던 딱
신이 아유타야를 탈환하고, 분열된 태국을 통일시키
고, 1767년 톤부리(방콕의 건너편)에 수도를 정하고

왕위에 올랐다. 그러나 딱신의 정신 이상으로 비운의 죽음을 맞이하고, 15년 만에 톤부리 왕조는 끝나고 말았다.

### 방콕 시대(1782년~ 현재, 짜끄리 왕조)

1782년 수도를 톤부리에서 짜오프라야강을 끼고 있는, 현재의 방콕으로 옮기고 새 왕조를 열었다. 라마 1세의 시기 태국의 영토는 캄보디아와 라오스를 완벽히 속국으로 만들었고, 치앙마이를 중심으로 한 란나도 점령하여, 동남아 패자의 위치를 재구축하였다. 19세기 말 제국주의 시대에 영국과 프랑스가 압박을 가했으나, 1851년부터 1910년까지 통치한 라마 4세, 라마 5세가 태국을 식민지화 공세로부터 지켜냈다. 현재 태국의 국왕은 2019년에 등극한 라마 10세 마하 와치라롱꼰Maha Vaijiralongkorn이다.

# 태국 & 한국의 잘 모르고 있는 역사적 사실

태국과 한국의 관계는 고려가 망하기 전인 1391년부터 시작되었다. 고려 이후 조선이 건국 후에도 1391년과 1393년 두 차례에 걸쳐, 사신 왕래를 계속하였으나, 바다에 나타나는 해적의 지속적인 방해로 1397년 이후 교류가 중단되었다.

교류가 재개된 것은 한국 전쟁에 태국이 UN군의 일원으로, 군인 3,650명을 유엔군으로 파견하면서이다. 태국은 전쟁 후 대한민국의 최우선 수교대상국으로 지정되었다. 전쟁으로 129명의 전사자와 1,139명의 부상자를 냈다.

1959년에는 정식으로 외교 관계가 성립되었고, 1981년에는 양국 간 사증 면제 협정을 체결하여 한국인에게 90일간 체류 할 수 있는 무비자 혜택을 줬다. 1966년 태국 최초의 고속도로를 현대건설에서 만들어 주면서 경제적인 교류도 시작되었다.

2018년에는 한국어가 태국의 대학 입학시험에서 제2 외국어 과목으로 포함되었고, 전체 응시생 5만 명 중 5천 504명이 한국어를 선택할 만큼 한국어 학습 열기가 뜨겁다. 2018년에는 한 태 수교60년을 맞이하여 한국과 태국에서 다양한 행사를 펼치는 등 계속 가까워지는 노력을 지속하고 있다.

# 태국 끄라비 음식, 과일

태국에는 우리 입맛에 맞는 음식들이 많다. 다만 우리나라 관광객들에게는 향신료가 강한 음식은 입에 맞지 않아 고생하는 경우가 많이 있다. 다양한 맛이 있는 태국 음식들 가운데 우리나라 사람들이 좋아하는 음식들로만 소개하려고 한다.

맛있는 열대과일도 곳곳에 널려있고, 생과일주스, 과일 스무디, 커피도 저렴하게 즐길 수 있다. 태국에서 먹는 것으로 고생하는 경우는 없다고 봐도 무방할 것이다.

## 1. 똠얌꿍(Tom Yam Kung)

맵기도 하고, 시기도 한 국물에 각종 야채와 새우 등을 섞어 끓인 요리이다. 같은 국물에 닭고기가 있다면 '똠얌까이'가 된다. 태국 여행에서 빼놓을 수 없는 음식이다. 선호도가 가장 분명히 나누어지기도 하지만 태국 여행에서 반드시 거쳐야 하는 음식으로 생각하고 한번은 먹어보는 것이 좋다. 먹을수록 묘한 매력을 느끼게 하는 음식이다.

## 2. 팟타이(Pat Thai)

태국식의 볶음국수로 50B로 저렴하지만 한 끼를 잘 해결할 수 있다. 만드는 순서는 강한 불에 버터와 밥을 먼저 볶고 그 위에 계란을 같이 볶고 나서, 준비된 새우와 면을 넣고 다시 볶아서 익혀지면 숙주와 부추를 올리고 다시 약하게 볶는다. 땅콩가루와 함께 버무려 먹는다. 길거리에서 제일 흔하게 볼 수 있는 음식이다.

## 3. 카우 팟(Kao Pat)

태국 어디에서도 먹을 수 있는 음식인 카우 팟은 밥을 가지고 간단하게 볶아서, 만들어 먹는 볶음밥이다. 재료에 따라 닭고기와 해산물, 채소가 들어가면 더욱 맛있게 먹을 수 있다.

## 4. 쏨땀(Som Tam)

덜 익은 파파야를 얇게 채 썰어서 피시 소스와 매운 고추와 당근, 토마토, 롬빈(길쭉한 콩과 식물), 마늘, 땅콩을 섞어 버무린 태국식 샐러드이다. 새콤하고 매콤해서, 고기구이, 밥류와 잘 어울린다. 우리나라 겉절이라고 생각하면 된다. "쏨"은 "시다"라는 뜻이고, "땀"은 찧어서 섞다"의 의미가 있다. 고추로 매운맛을 조절해준다.

## 5. 뿌팟퐁 까리(Poo Phat Pong Karee)

태국식 카레 요리에 대게를 넣어 만든 요리이다. 해물과 야채에, 노란 커리 가루, 코코넛 밀크, 달걀을 풀어서 볶는 요리이다. 게살만 발라서 넣어 만든 "느어뿌 팟 퐁까리"도 있다.

## 6. 껭쯧운 쎈무쌉(Gaeng Jued Woon Sen Moo Sap)

돼지고기에 배추 잎, 버섯, 양파와 당면을 넣어 끓인 국물 요리이다. 국물이 맑고 시원해서, 덮밥 종류와 잘 어울린다.

# 태국 음료수

### 녹차 음료수(Tea)

태국은 녹차 음료수를 많이 마신다. 편의점이나 마트에 가보면 음료 냉장고에 한쪽이 녹차로 가득 들어있는 것을 볼 수 있다.
우리나라 녹차 음료수와 다르게 음료가 좀 달다. 우리나라와 비슷한 녹차 음료수를 찾는다면 후지 차 네츄럴Fuji Cha Natural 제품을 구매하면 된다.

### 칼피스(Calpis)

우리나라 밀키스와 비슷한 스타일의 제품이다. 우유 맛과 톡 쏘는 탄산이 더운 여름에 마시면 깔끔한 맛을 준다. 오렌지 맛, 망고 맛, 베리 맛 등이 있다. 일본 브랜드다.

### 모구모구(MoguMogu)

과일 맛 나는 음료수에 젤리를 넣어 씹는 식감도 있다. 리치, 딸기, 망고, 사과, 포도, 복숭아 맛 등 여러 종류가 있다. 우리나라의 코코팜과 비슷하다고 생각하면 된다. 한국 사람에게 인기가 많아 우리나라에서도 판매하고 있다.

### 레드 불(Red Bull)

태국에서 개발된 레드 불은 우리나라 박카스나 비타 500과 비슷한 에너지 드링크이다. 카페인양이 우리나라 에너지 드링크보다 높다. 바나 클럽에서는 로컬 양주랑 칵테일로 만들어 준다. 심장에 무리한 영향을 주니 많은 양을 마시는 것은 조심해야 한다.

### 블랙 젤리

태국 길거리나 야시장에서 흔히 볼 수 있는 음료수다. 커다란 양동이에 블랙 젤리를 준비하고, 주문하면 큰 국자로 바로 떠서 준 다음, 얼음과 설탕을 추가로 넣어준다. 가격도 저렴하고, 씹는 맛도 있어서, 태국 전통 디저트로 현지인에게 인기가 많은 음료이다.

# 태국 전통 양주

### 쌩쏨(SangSom)

창 비어를 생산하는 태국베버리지Thai Beverage에서 만든 럼과의 위스키이다. 도수 40도고 용량에 따라 2가지 종류가 있다. 태국의 국민 술이라 불리는, 쌩쏨은 '달빛'이라는 뜻이 있다.

편의점, 마트, 동네 슈퍼에서도 쉽게 구매할 수 있고, 외국 양주보다 저렴해서, 태국 로컬 위스키 시장의 70% 이상을 점유하고 있다. 대부분의 태국 사람들은 창과 레드불을 섞어 마시거나, 소다수와 라임, 얼음을 같이 넣어 먹기도 한다. 300ml, 700ml 두 가지 용량이 있다.

### 홍쏭(Hong Thong)

수라 방이칸Sura Bangyikhan에서 만든 당밀과 쌀로 만든 증류주이다. 홍쏭 'HONG THONG'은 황금 불사조라는 뜻이다. 도수는 35%이고, 향긋한 향기와 가볍고, 뒷맛이 깔끔한 위스키이다. 350ml, 700ml 두 가지 용량이 있다.

### 블렌드 285 (Blend 285)

에너지 음료 회사인 레드불에서 전통적인 스카치위스키를 만드는 공법으로 만든 도수 35%의 위스키이다. 부드럽고, 향긋한 맛이 난다.

2차 증류와 숙성 과정을 거쳐서, 훨씬 숙성된 맛을 느끼게 한다. 스트레이트로 먹기보다는 온더 락이나 레몬, 라임을 함께 타마시면 좋다. 금색 라벨은 5년 숙성, 검정 라벨은 3년 숙성된 위스키이다.

# 태국 맥주

### 싱아 비어(Singha Beer)

태국 신화에 나오는 사자 형상을 로고로 만든 라거 스타일의 맥주이다. 싱하 그룹에서 만든 맥주로 5%의 도수를 가지고 있다. 탄산 감이 조금 강하고, 고소한 맛이 느껴진다. 1939년 왕실로부터 가루다 상표를 사용할 수 있도록 허락받았을 만큼 태국을 대표하는 맥주이다. 가격이 조금 비싸 프리미엄 맥주로 알려져 있다.

### 리오(Leo Beer)

싱하를 만드는 분 로드 맥주회사 Boon Rawd Brewery에서 노동자와 방콕 외곽의 도시 점유율을 높이기 위해 중저가 제품으로 만든 라거 스타일의 맥주다. 도수는 5%이고, 부드럽고 목 넘김이 좋은 맥주이다. 싱하 맥주가 창 맥주로 매출이 감소하자 서민들이 쉽게 사 마실 수 있는 맥주를 만들어 시장 점유율을 올리기 위해 만들었다. 낮은 도수, 저렴한 가격에 출시 되자마자 선풍적인 인기를 끌었다. 2009년 이후로 시장 점유율 1위를 달리고 있을 정도로 태국에서 인기가 높다.

### 창(Chang Beer)

코끼리가 마크인 창 맥주. 창은 태국어로 코끼리를 의미한다. 도수 6.4%의 향긋하고, 부드러운 라거 스타일의 맥주이다. 1994년 태국 베버리지 Thai Beverage에서 만든 창 맥주는 저렴한 가격을 무기로 싱하가 장악하고 있던 맥주 시장에 과감하게 도전장을 냈다. 1998년도 오스트레일리아 열린 맥주 대회에서 챔피언을 획득한 뒤로 서민층과 젊은 층에 폭발적으로 인기를 얻으면서 출시 4년 만에 싱하를 따라잡고 태국 맥주 시장의 최강자가 된다. 2009년엔 리오에게 밀려났지만, 여전히 태국에서 사랑받는 맥주이다.

### 아차(Archa Beer)

창 맥주를 만드는 태국 베버리지 Thai Beverage에서 2004년 출시한 라거 스타일의 맥주이다. 도수는 5.4%이고, 탄산도 세지 않아 목 넘김이 부드럽고, 적절한 단맛이 나서 편하게 마실 수 있는 맥주이다.

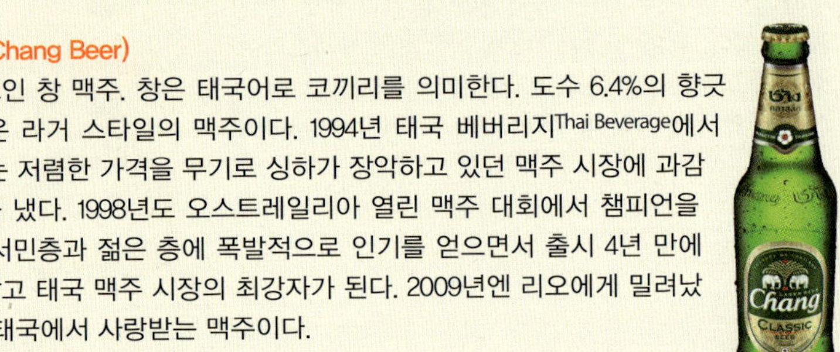

### 페더브라우(Federbrau)

창비어를 만드는 태국 베버리지 Thai Beverage 산하의 브루어리에서 만드는 맥주로 젊은 층을 겨냥해서 만든 맥주이다. 도수는 4.7도로, 가볍고 부드러운 라거 스타일의 맥주이다.

### 치어스(Cheers)

하이네켄 태국 그룹인 아시아 패시픽 브루어리에서 2005년에 출시된 도수 5.6도의 라거 스타일의 맥주이다. 부드럽고, 목 넘김이 깔끔한 우수한 품질의 맥주이다.

### 푸켓(Phuket)

독일 맥주 순수령에 적합한 방법으로 만든 태국 최초의 지역 맥주이다. 산 미구엘 산하 맥주 양조장에서 생산되는 맥주이다. 푸켓 지역 바나 마트에서만 구매 할 수 있다.

## 태국 커피 (Coffee)

태국은 아시아에서 몇 안되는, 커피 원두 생산국으로서, 태국 왕실 커피 비즈니스인 로열 프로젝트로 인해 성장하였다. 남부지역은 로부스타Robusta, 북부 고산 지대에서는 아라비카Arabica를 생산하고 있다. 아라비카 원두는 100% 유기농으로 재배되고 있어, 향이나 맛이 뛰어나다. 태국을 대표하는 3대 커피 프랜차이즈는 와위 커피Wawee Coffee, 도 이창Doi Chaang, 도 이퉁Doi Tung이다. 최근에는 아마존 카페가 무섭게 치고 올라가고 있다. 프랜차이즈뿐만 아니라 방콕이나 치앙마이에는 개성 넘치고, 실력 있는 개인 커피숍들이 많이 있다.

## 생과일주스(Fruit Juice)

열대 과일이 풍부한 태국에서는 어디를 가나, 생과일주스를 저렴한 가격에 마실 수 있다. 망고, 수박, 파인애플 같은 생과일을 직접 갈아서 넣은 생과일 주스와 야자, 코코넛 주스는 여행에 지친 여행자에게 피로를 풀게 해주고, 목마름을 해결해 주는 묘약이다.

# 태국 과일

### 망고(Mango)

태국에서 가장 선호되는 과일은 역시 망고
이다. 생과일주스로 가장 많이 마시게 되는
망고주스는 태국 끄라비 여행이 끝난 후에
도 계속 생각나게 된다.

### 망고스틴(Mangosteen)

망고스틴은 과일의 여왕으로 불릴 만큼 그
맛이 뛰어나다. 보라색 껍질을 까면 마늘 모
양의 하얀색 씨앗이 나온다. 부드러운 식감
과 달콤하고 약간 새콤한 맛이 난다. 차가운
성질의 과일이라 특히 더울 때 먹기 좋다.

### 람부탄(Rambutan)

빨갛고 털이 달려있어서 벌레 같이 징그럽
게 생각되기도 하지만, 단맛이 강한 과즙을
가지고 있다.

### 포멜로 (Pomelo)

감귤과의 과일로 크레이프 푸루트와 향은
비슷하나, 단맛과 약한 신맛이 난다. 태국에
서는 소금을 찍어 먹거나 음료, 샐러드로 만
들기도 한다. 껍질이 두껍고 질겨서 손으로
까기에는 쉽지 않다.

### 로즈 애플 (Rose Apple)

태국어로 "촘푸"라고 불리 운다. 종 모양의
빨간색 과일로, 사과와 같은 아삭한 식감과
새콤달콤한 맛이 난다. 겉은 빨간색이지만
속은 하얀색이다.

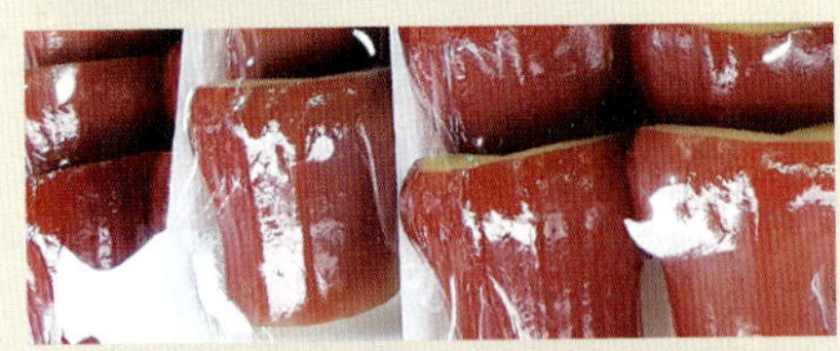

### 리치 (Lychee)

작은 골프공 크기로 겉은 오돌토돌하고, 잘
익은 것은 빨간색이다. 껍질은 손으로 벗길
수 있을 정도로 얇고, 속살은 달콤하고 쫄깃

하다. 씨앗은 크고 단단하다. 하이포 글리신
이라는 성분이 함유되어 있어서, 빈속에 먹
으면 위험하고, 혈당 수치를 낮추고, 열이나
알레르기 반응이 있어서 민감한 사람은 안
먹는 게 좋다.

### 바나나(Banana)
한국인들에게 가장 친숙한 열대과일이다.
태국에서는 바나나를 튀겨먹거나, 구워 먹
기도 한다. 작고 통통한 몽키 바나나를 많이
먹는다.

### 구와바(Guava)
못생긴 청 사과 모양을 하고 있으며, 아삭아
삭한 식감이 나고, 달거나 시지는 않다. 태
국에서는 소금이나 고춧가루를 섞은 양념에
찍어 먹는다. 비타민, 철분등 각종 영양소가
풍부해서 잘라서 먹거나, 주스로도 만들어
먹는다.

### 잭푸룻(Jackfruit)
두리안과 모양이 흡사하게 생겼다. 껍질에
가시가 덜 돋아있다. 크기가 너무 커서 주로
시장이나 마트에서 손질해 있는걸 사 먹는
다. 쫄깃한 식감과 달콤새콤한 파인애플과
비슷한 맛과 향이 난다.

### 롱안(Longan)
2cm정도 크기의 둥근 다갈색의 과일이 포
도송이처럼 가지에 붙어있다. 과육은 흰색
이고, 새콤달콤한 맛이 난다. 잘 익은 롱안
은 단맛이 강하게 난다.

### 파인애플(Pineapple)
태국 파인애플은 유독 단맛이 강해서 식후
디저트로 좋다. 마트나 시장에 가보면 작은
파인애플을 손질해서 많이 판다. 볶음밥 재
료로 많이 사용된다.

### 수박(Watermelom)

한국 수박은 동그란 모양이지만, 태국 수박은 넓게 퍼진 타원형이다. 열대 지방 수박이라 단맛이 뛰어나다. 수박 스무디를 주로 많이 먹는다.

### 파파야(Papaya)

수박처럼 안에 씨가 있는 파파야는 태국식 샐러드인 쏨땀에 주 재료로 들어간다. 제대로 익은 파파야는 겉부분을 먹게 되며, 부드럽고 달달하다. 야릇한 냄새가 좀 나서 호불호가 갈린다.

### 두리안(Durian)

열대과일의 제왕이라고 불리는 두리안은 껍질을 까고 먹는 과일이다. 단맛이 좋지만, 껍질을 까기 전에 냄새가 좋지 않아 외부에서 먹고 들어가야 한다. 대부분의 숙소에서 반입이 허용 금지된다.

### 용과(Dragon Fruit)

뾰족하게 나와 있는 가시 같은 부분이 있는 과일이다. 선인장과의 과일로, 진한 빨간색으로 식감을 자극하고, 은근한 단맛이 느껴진다.

### 코코넛(Coconut)

야자수 열매로 알고 있는 코코넛은 얼음에 담아 마시면 무더위가 가실 정도로 시원하다. 코코넛을 넣어 만든 풀빵도 간식으로 인기가 많다. 하얀 속껍질은 여러 음식의 식재료로도 사용된다.

# 끄라비 쇼핑

### 란제리

일본의 유명 속옷 브랜드인 와코루가 태국 현지 공장에서 직접 생산해서 판매한다. 가격이 한국에 비교해 저렴하고, 편안하고 질도 좋아서, 여성 여행객들 쇼핑목록 1순위이다. 세일 상품이나 여러 세트를 구매하면 더 저렴하게 구매 할 수 있다.

### 달리 치약(Darle)

치아 미백에 효과가 있어서 태국에 쇼핑 필수 품목 중 하나이다. 다른 치약에 비교해 맛이 강하고 맵지만, 청량감은 최고다. 허브, 레몬, 녹차, 대나무, 숯, 민트 등의 종류가 있고, 각각의 효능이 다르니 방문 전에 알아보고 가는 게 좋다.

### 코코넛 오일(Coconut Oil)

코코넛의 말린 속살에서 오일을 추출한 것으로 태국에서는 음식과 미용에 많이 사용되어왔다. 건강과 미용에 좋아서, 많이 구매하는 품목이다.

### 수제 비누

태국 마트나 야시장에 가면 꼭 볼 수 있는 것이 수제 비누이다. 자연에서 추출한 천연 재료를 사용하여 피부를 건강하고, 아름답게 해준다. 과일 모양에 따라 과일의 특징을 가지고 있다. 과일과 코끼리 등의 다양한 모양으로 판매한다.

### 똠양꿍 라면

세븐 일레븐이나 마트에서, 구매 할 수 있다. 똠양꿍을 좋아하는 관광객들이 귀국선물이나 본인용으로 몇 개씩은 꼭 챙기는 라면이다. 크기도 작아서 캐리어 빈 곳에 넣기도 좋다.

### 말린 과일

망고, 파인애플, 파파야, 두리안등 부피도 작고, 맛도 있어서, 지인들에게 선물하기도 좋다.
정작 태국 여행할 때는 안 사 먹는다.

### 태국 건 고추

한국 고추와는 다른 매콤한 맛을 내는 태국 고추
는 국물 요리할 때 넣으면 칼칼하게 매운맛을 낼
수 있다. 건 고추 한 봉지만 사가도 오랫동안 사용
할 수 있다. 요리 좋아하는 사람에게 선물하기도
좋다.

### 코끼리 바지

태국 시장 어디서나 볼 수 있고, 현지인은 안 입지
만, 여행자들이 입고 다닌다. 옷에 코끼리 문양이
인쇄되어 있다. 반바지, 긴바지, 원피스가 있어서
태국 여행 기분 내는데 좋을 뿐만, 아니라 옷 자체
도 가볍고 시원한 천으로 되어 있어서 사서 입고
돌아다니기도 하고, 선물용으로도 사간다.

### 꿀

100% 유기농 꿀로 품질도 좋고, 한국에 비교해 가
격도 저렴하다. 왕실에서 보증하는 왕실 인증 마크
가 있는 꿀도 생각보다 비싸지는 않다. 튜브형, 유
리병, 플라스틱병으로 포장되어 있어서, 파손 위험
없이 가져갈 수 있다. 주위 어르신들에게 선물하면
특히 좋아한다.

### 파우더

일명 홍진영 파우더라고 불리는 비비 폰즈 파우더.
다른 파우더와 달리 커버력이 좋고, 자외선도 차단
해줘서 여성들에게 인기가 많다. 태국은 습하고 자
외선이 강해서 파우더를 자주 바른다. 일반 파우더
도 품질대비 가격이 저렴하다.

# 태국 마사지

근육과 관절 등에 일련의 신체적 자극을 통해 뭉친 신체 일부나 전신의 근육을 푸는 것이 마사지이다. 누구나 힘든 일을 하면 본능적으로 어깨 등을 어루만지는 행동을 할 정도이다. 그러므로 마사지도 엄청나게 오래된 역사가 있다. 고대 로마에도 전문 안마사 노예가 따로 있을 정도라고 한다.

마사지의 종류에 따라 경락 마사지, 기 마사지, 아로마 마사지, 등 많다. 그중 대표적인 것이 발 마사지와 타이 마사지일 것이다. 또한, 오일 마사지, 스톤 마사지가 있다.

### 마사지의 역사

태국은 세계적으로 마사지가 유명하지만, 동남아시아의 어디를 여행해도 마사지는 어디에서든지 쉽게 찾을 수 있을 정도로 유명하다. 마사지는 맨손과 팔을 이용한 지압이 고대 태국 불교의 승려들이 장시간 고행을 한 후에 신체의 피로를 풀어주기 위해 하반신 위주로 여러 지압법을 만들기 시작한 것이 시초라고 한다.

지금도 태국에서 전통 마사지라고 하면 하체에만 하는 마사지 법을 일컫는다고 한다. 스님들이 전쟁에서 지친 군인들을 위해 할 수 있는 게 뭐가 있을까 생각하다가 고안한 것이 있었는데 그게 바로 마사지였고, 자연스럽게 승려들을 통해 마사지가 발전해 왔다는 이야기도 전해온다.

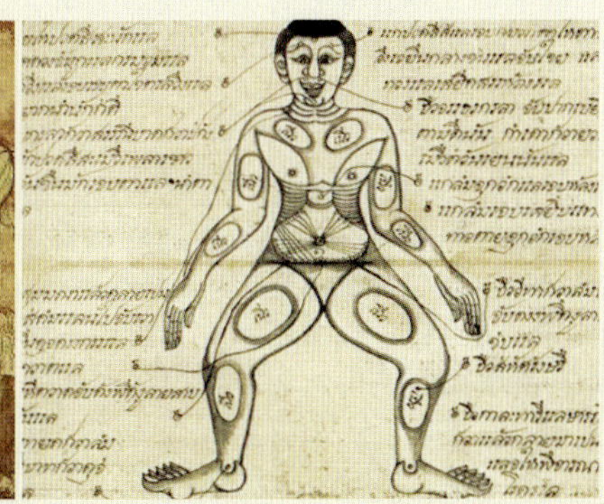

### 1. 타이 마사지

가장 인기 있고 많이 받는 마사지이다. 타이 마사지는 신체 한 부분보단 몸 전체의 에너지를 조화롭게 하는 데 초점을 맞추는 치료 행위이다. 안마사의 손가락, 팔꿈치, 손바닥 등 온몸을 사용하여 몸에 퍼진 혈 자리와 근육을 자극해서 혈액 순환과 뭉친 근육을 풀어준다. 특히 타이 마사지는 몸을 당기거나 비트는 동작이 많아서, 익숙하지 않은 사람은 힘이 들 수 있다. 운동을 즐겨 하거나 사무실에 있어서 어깨나 목에 근육이 뭉친 경우에 아주 효과적이다.

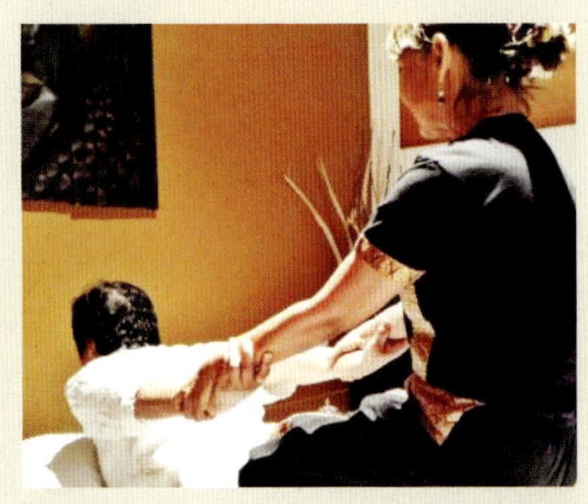

### 2. 발 마사지

발을 먼저 깨끗이 씻어주고, 편안한 의자에 앉으면 발바닥부터 허벅지까지 섬세한 손길로 눌러 준다. 특히 뭉친 곳은 더욱 집중해서 해준다. 여행자들은 많이 걷기 때문에 발바닥부터 종아리 근육이 많이 뭉쳐 있어서, 발 마사지를 받으면 즉시 효과를 본다.

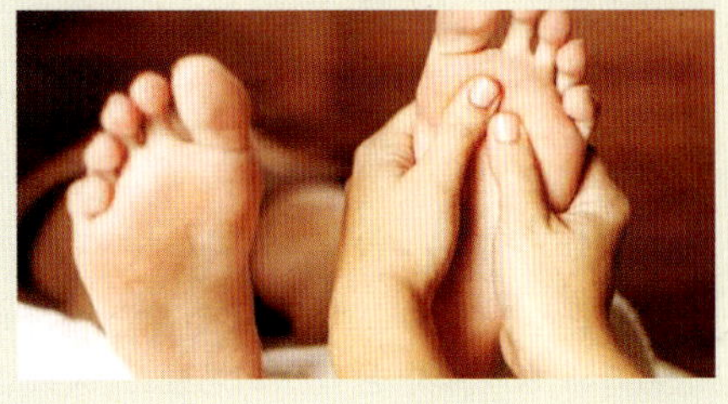

### 3. 허브 볼 마사지

샤워하고 몸에 오일을 바른 다음, 각종 허브로 만든 거즈에 싸인, 따뜻한 허브 볼로 몸을 지그시 눌러 주면서 마사지를 한다. 좋은 허브 향이 피로한 심신을 치유해준다. 허브 액이 몸에 스며들며 근육 뭉친 곳을 풀어주고, 어깨 결림에 특히 좋다.

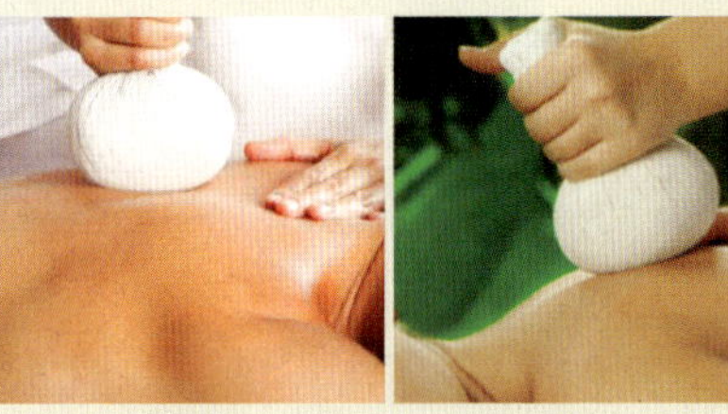

### 4. 오일 마사지

샤워하고 침대에 누우면, 전신에 오일을 바르고 혈 자리를 따라서 자극을 주는 마사지 방식이다. 발바닥에서부터 허벅지 어깨, 엉덩이를 부드럽게 마사지한다. 피로 해소와 미용에 효과가 좋다고 알려져 있다. 오일의 끈적임을 싫어하는 사람은 타이 마시지를 받으면 된다.

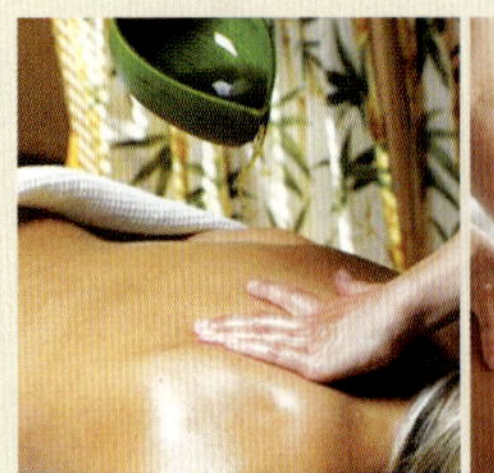

## 5. 핫 스톤 마사지

현무암, 보석 원석 등 주로 자연석으로 만든
스톤을 60도의 정도의 물로 데운 후 어깨에
서부터 허리까지 올려둔다. 뜨거운 돌이 근
육을 이환시켜주고, 혈액 순환을 도와줘서,
어깨 결림이나 냉증 불면증에 효과가 좋다.

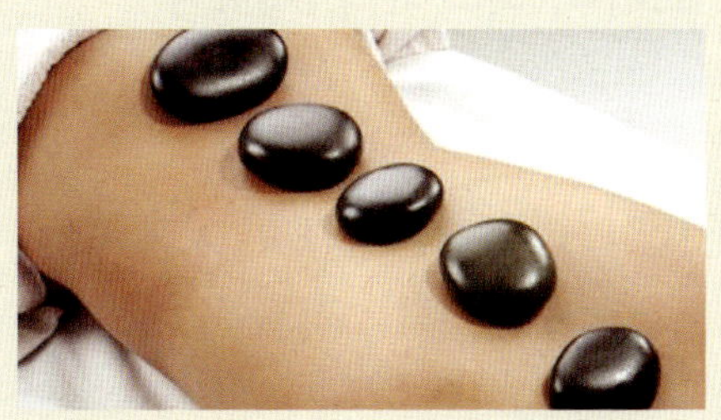

### 마사지할 때 필요한 태국어

크랍–남성 존칭어 / 카–여성 존칭어

**좀 세게 해주세요** | 낙낙 너이 크랍/카

**좀 약하게 해주세요** | 바오바오  너이 크랍/카

**아파요** | 쨉 크랍/카

**안 아파요** | 마이 쨉 크랍/카 : 마이빤 라이

**이 곳은 하지 마세요** | 뜨롱니 마이 아오 크랍/카

**추워요** | 나우

**더워요** | 런

### 태국 마사지 학교 강습 코스

태국 마시지 효과를 본 여행객들은 가족과 지인들을 위해서 정식으로 마사지를 배우기를
원한다. 방콕 및 치앙마이에는 마사지 학교가 있다.

▶**일반 코스** : 30시간 7,000B  ▶**상급 코스** : 30시간 7,000B

▶**발 마사지 코스** : 30시간 5,500B  ▶**오일 마사지 & 아로마 테라피 코스** : 5,500B

▶**유아 마사지 코스** : 15시간 3,600B

### 마사지 학교

방콕 왓포 마사지 학교 | https://watpomassage.com
치앙마이 마시지 학교 | http://thaimassageschool.ac.th

# 끄라비 엑티비티 Best 5

## 1. 카약킹(Kayarking)

우뚝 솟은 카르스트가 있는 협곡과 맹그로브 숲이 있어서 카약을 하는데 최고의 조건을 갖추고 있다. 중간중간에 원숭이도 볼 수 있다. 투어는 반나절 투어 일일 투어가 있으나, 반나절 투어를 추천한다. 처음 카약킹을 한다면 그리 만만하지 않으니, 힘들면 대신 저어주는 뱃사공의 도움을 받는 게 좋다. 카약킹 후 꼭 마사지 받기를 추천한다.

## 2. 코끼리 트레킹(Elephant Trekking)

태국에서 코끼리는 어디 가서나 쉽게 볼 수 있는 대표 동물이다. 예전에 숲에서 통나무를 운반했던 코끼리를 정부가 벌목을 금지하면서, 지금은 관광 트레킹에서 제 일을 묵묵히 하고 있다. 코끼리를 타고 아름다운 숲과 계곡을 건너보는 것도 태국여행의 묘미가 아닐까 생각한다. 특히 어린이들이 좋아한다.

## 3. 스쿠버 다이빙(Scuba Diving)

아름다운 바다 밑을 직접 볼 수 있는 스쿠버 다이빙은 상대적으로 장비를 착용하고 깊은, 바다 속으로 들어가기 때문에 안전에 특별히 주의해야 한다. 그래서 초보자는 반드시 전문 강사와 같이 간단한 교육을 받고 바다 속으로 들어가야 한다.

물속에 들어가서 귀가 아프거나 머리가 아프다면 반드시 강사에게 알려주어 도움을 받아야 한다. 그냥 지나치면 스쿠버 다이빙Scuba Diving은 버티지 못하고 결국 밖으로 나와야 한다. 안전교육과 안전이 가장 중요한 해양 스포츠이다.

## 4. 스노클링(Snorkeling)

스쿠버 다이빙Scuba Diving이 장비를 착용하고 바다 깊숙이 들어가는 반면에 스노클링Snorkeling은 마스크와 오리발만 착용하고 바다에 들어가기 때문에 얕은 바닷물 속을 보게 된다. 대부분 관광객은 초보자이기 때문에 안전 조끼를 착용하고 물에 뜬 상태에서 바닷물 속의 색깔이 화려한 열대 물고기를 본다.

태국 바다는 물이 깨끗해서 물속에서도 시야가 좋다. 스노클링은 스쿠버 다이빙을 오전에 하고 점심을 먹고, 오후에는 스노클링Snorkeling을 한다. 그래서 스쿠버 다이빙과 같이 투어 상품에 포함된 경우가 대부분이다.

## 5. ATV(사륜구동 바이크)

끄라비Krabi에서 매일 하는 물놀이가 지겹다고 느껴진다면, 숲속을 종횡무진 돌아볼 수 있는 사륜구동 바이크를 고려해 봐도 좋다. 조작법이 간단해서 누구나 쉽게 운전 할 수 있고, 사륜구동이라 안전하게 즐길 수 있다.

울퉁불퉁한 산길, 물이 흐르는 개울을 지날 때의 짜릿함, 포장도로를 달리 때의 속도감을 체험해 볼 수 있다. 운전면허증이 없어도 가능하다.

# 끄라비(Krabi) 엑티비티 주의사항

해외여행을 다니는 대한민국의 관광객이 늘어나면서 해외에서 사고도 많이 일어나고 있다. 태국도 예외가 아니어서 끄라비Krabi나 푸켓 같은 해안 도시에서 즐기는 스노쿨링이나 스쿠버 다이빙 같은 해양스포츠에서 사고가 일어날 수 있으니 사전에 안전장비와 기상상황을 확인하고 참가해야 한다. 바다는 바람이 강하거나 비가 오면 위험하기 때문에 기상을 확인하고 무리하게 참가하지 말아야 한다.

바다에서 즐기는 카약킹은 작은 파도가 와도 뒤집어질 수 있다.

비올 때 타는 제트스키 등은 상당히 위험하다.

**1** 끄라비Krabi에서 엑티비티Activity 투어 상품은 보험이 가입되어 있지 않다. 가능하면 한국에서 여행자 보험에 가입하고 여행을 시작해야 한다.

- 엑티비티Activity 투어이므로 간단한 찰과상이나 타박상 등이 우기의 급류나 해류에서는 발생할 수 있어 사전에 상비약은 가지고 있는 것이 편리하다.
- 물에 대한 두려움이 심하거나 심장병, 임신, 고소공포증, 기타 개인적인 어려움이 있으면 투어를 자제해야 한다.
- 본인의 지병이나 가이드의 안내에 따르지 않아 발생하는 안전상의 문제에 대해서는 일절 책임지지 않는다.
- 투어 진행시 무상으로 제공해주는 렌탈 장비(안전모, 구명조끼 등)등을 고객의 부주의로 인한 분실 및 파손 시 일부 금액을 요구할 수도 있으니, 분실과 파손을 주의해야 한다.

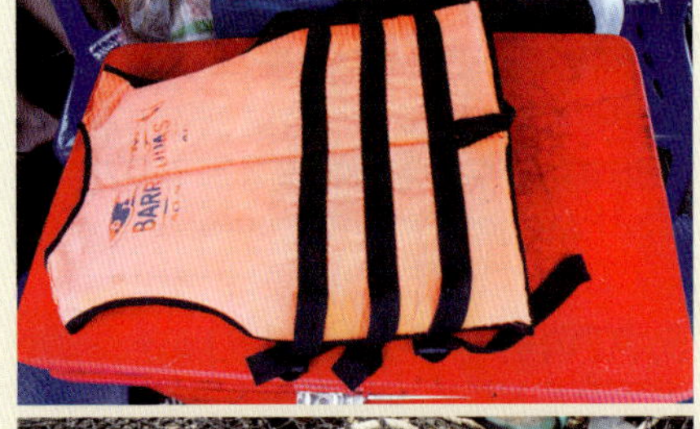

**2** 대부분의 투어는 해당 날짜에 모집된 고객과 같이 진행되며 통합하여 투어로 진행되므로 픽업시간은 다소 유동적이다.

- 숙소 픽업과 출발 시간의 지연 등이 발생할 수도 있다.
- 투어 차량으로 진행되며 일반적으로 봉고차나 코치버스로 진행되지만 차량의 종류는 유동적이다.
- 개인의 사정으로 픽업 시간에 늦어 투어 출발차량에 탑승하지 못한 경우는 본인 과실로 환불이 안 된다.
- 픽업 시간은 투어 출발 시간 기준으로 15분 전부터 약속된 픽업 장소에서 대기하면 순차적으로 픽업차량이 확인하고 태우게 된다.

**3** 끄라비 Krabi에서 판매하는 투어는 엑티비티 Activity 투어 상품이다. 투어에서 발생하는 귀중품의 분실이나 파손은 책임지지 않는다.

- 엑티비티 Activity의 성격상 스노쿨링, 스쿠버 다이빙 같은 투어에서 배에 안전문제가 발생하는 예상하지 못하는 상황이 발생할 수 있다. 반드시 사전에 구명조끼를 착용하고 시작해야 한다.
- 경우에 따라 방수 백에 물건을 담아두면 물에 빠지더라도 귀중품에 문제가 발생하지 않을 수 있다. 구명조끼를 입는다고 해도 상황에 따라 일부 모자나 선글라스, 슬리퍼 등의 파손이 발생할 수 있으니 조심해야 한다.
- 귀중품의 분실이나 파손 등은 일절 책임지지 않으므로 숙소에 두고 나오는 것이 안전하다.

# 끄라비 여행 밑그림 그리기

우리는 여행으로 새로운 준비를 하거나 일탈을 꿈꾸기도 한다. 여행이 일반화되기도 했지만, 아직도 여행을 두려워하는 분들이 많다. 태국에서 끄라비 여행자가 급증하고 있다. 그러나 어떻게 여행해야 할지부터 걱정하게 된다. 아직 정확한 자료가 부족하기 때문이다. 지금부터 끄라비 여행을 쉽게 한눈에 정리하는 방법을 알아보자, 끄라비 여행준비는 전혀 어렵지 않다. 단지 귀찮아하지 않으면 된다. 평소에 원하는 끄라비 여행을 가기로 했다면, 꼼꼼하게 준비하는 것이 중요하다.

일단 관심이 있는 사항을 적고 일정을 짜야 한다. 처음 해외여행을 떠난다면 끄라비 여행도 어떻게 준비할지 몰라 당황하게 된다. 먼저 어떻게 여행을 할지부터 결정해야 한다. 아무것도 모르겠고 준비하기 싫다면 패키지여행으로 가는 것이 좋다. 끄라비 여행은 주말을 포함해 3박 4일, 4박 5일 여행이 가장 일반적이다. 해외여행이라고 이것저것 많은 것을 보려고 하는데, 힘만 들고, 남는 것도 없는 여행이 될 수도 있으니 욕심을 버리고 준비하는 게 좋다. 여행은 보는 것도 중요하지만, 같이 가는 여행의 일행과 함께 잊지 못할 추억을 만드는 것이 더 중요하다.

**다음을 보고 전체적인 여행의 밑그림을 그려보자.**

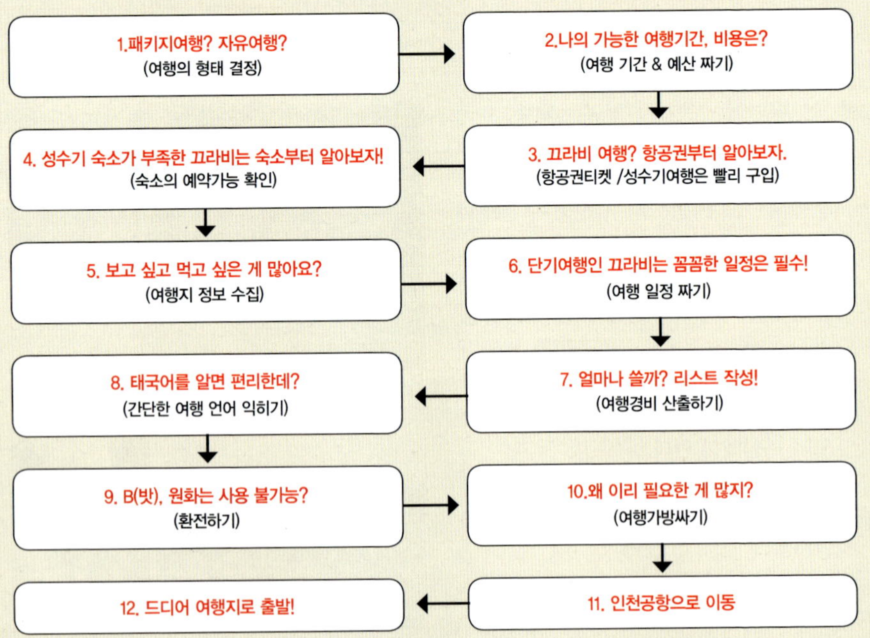

결정했으면, 일단 항공권을 구하는 것이 가장 중요하다. 전체 여행경비에서 항공료와 숙박이 차지하는 비중이 가장 크지만, 너무 몰라서 낭패를 보는 경우가 많다. 평일이 저렴하고 주말은 비쌀 수밖에 없다. 아직 끄라비까지 직항편이 없다. 방콕에서 경유 하거나, 푸켓에서 내려 육로나 배로 이동하는 방법이 있다.

## 패키지여행 VS 자유여행

끄라비 여행을 가려는 여행자가 늘어나고 있다. 하지만 누구나 고민하는 것은 여행 정보는 어디에서 구하지? 라는 질문이다. 그만큼 끄라비에 대한 정보가 매우 부족한 상황이다. 그래서 처음으로 끄라비를 여행하는 여행자들은 패키지여행을 선호하였다.

20~30대 여행자들이 늘어남에 따라 패키지보다 자유여행을 선호하고 있다. 푸켓을 들렸다가 끄라비를 거쳐서 태국 남부지방을 여행하는 경로를 많이 선호한다. 싱가포르까지 육로로 이동할 수 있기 때문이다.

### 편안하게 다녀오고 싶다면 패키지여행

끄라비를 가고 싶은데 정보가 없고 나이도 있어서 무작정 떠나는 것이 두려운 여행자들은 편안하게 다녀올 수 있는 패키지여행을 선호한다. 효도 관광, 동호회, 동창회에서 선호하는 형태로 여행 일정과 숙소까지 제공하니, 본인의 짐과 몸만 떠나면 된다.

### 연인끼리, 친구끼리, 가족 여행은 자유여행 선호

2주 정도의 긴 여행이나 젊은 여행자들은 패키지여행을 선호하지 않는다. 특히 여행을 여러 번 다녀 본 여행자는 끄라비, 아노낭 빛, 라일레이에서 자신이 원하는 숙소, 관광지, 액티비티를 직접 알아보고 본인에게 맞는 것을 하고 싶어 한다.

여행지에서 원하는 것이 바뀌고, 여유롭게 이동하며 보고 싶은 것, 먹고 싶은 것을 자유롭게 찾아갈 수 있는 여행이 연인, 친구, 가족 여행객들에겐 적격이다. 의외로 태국인들은 식당 아주머니부터, 택시 기사분도 기본적인 영어를 잘해서, 영어를 조금만 한다면 불편함 없이 자유롭게 다닐 수 있다.

# 끄라비 숙소에 대한 이해

끄라비 여행이 처음이고 자유여행이면 숙소 예약이 의외로 쉽지 않다. 일정이나 도착하는 시간에 따라 끄라비 타운, 아오낭 비치, 라일라이 숙소를 고려해봐야 한다. 끄라비 숙소의 전체적인 이해를 해보자.

## 1. 숙소의 위치

끄라비에서는 끄라비 타운, 아오낭 비치, 라일라이에 주요 관광지가 몰려있어서, 숙박의 위치가 중요하다. 시내에서 떨어져 있다면, 이동하는데 시간이 소요 되고, 교통수단도 드물어서, 좋은 선택이 아니다. 먼저 시내에서 얼마나 떨어져 있는지 확인한다.

## 2. 숙소 예약 앱의 리뷰를 확인하라.

끄라비 타운, 아오낭 비치, 라일라이 숙소는 몇 년 전만 해도 호텔과 호스텔이 전부였다. 하지만 에어비앤비를 이용한 아파트도 있고, 다양한 숙박 예약 앱도 생겨났다. 가장 먼저 고려해야 하는 것은 자신의 여행비용이다.

항공권을 예약하고 남은 여행경비가 30만원 정도라면 호스텔이나 저렴한 호텔을 추천한다. 끄라비에는 많은 호스텔이 있다. 호스텔도 시설에 따라 가격이 조금 달라진다. 숙소 예약 앱의 리뷰를 보고 한국인이 많이 가는 호스텔을 선택하면 문제가 되지 않을 것이다.

### 3. 내부 사진을 꼭 확인

호텔이나 리조트 비용은 2~15만 원 정도로 저렴한 편이다. 호텔의 비용은 우리나라 호텔보다 저렴하지만, 시설이 좋지는 않다. 오래된 건물에 들어선 숙소는 아니지만, 관리가 잘 못된 호텔이 의외로 많다. 반드시 객실 내부의 사진을 확인하고 선택하는 것이 좋다. 리조트에 따라 시설이나, 위치가 천차만별이기 때문에 본인에게 맞는 곳을 잘 선택해야 한다.

### 4. 에어비앤비를 이용해 아파트 이용방법

시내에서 얼마나 떨어져 있는지를 확인하고, 숙소에 도착해 어떻게 주인과 만날 수 있는지 전화번호와 아파트에 도착하는 방법을 정확히 알고 출발해야 한다. 아파트에 도착하여도 주인과 만나지 못해 숙소에 들어가지 못하고, 1~2시간만 기다려도 화도 나고 기운도 빠지기 때문에 여행이 처음부터 쉽진 않아진다.

### 5. 끄라비에서 민박 이용방법

말이 통하는 한국인이 운영하는 민박을 찾고 싶은 여행자는 현재 아오낭 비치에만 있는 한인 민박을 이용해 보자.


### 숙소 예약 사이트

#### 부킹닷컴(Booking.com)

전 세계에서 가장 많이 이용하는 숙박 예약 사이트다. 호스텔, 호텔, 리조트까지 다양한 숙소가 있다. 끄라비에 있는 많은 숙소가 올라와 있다. 많이 이용할수록 다양한 혜택이 주어진다.



#### 에어비앤비(Airbnb)

전 세계 사람들이 남는 방이나 숙소를 제공하고, 호스트가 되어 손님을 맞이하는 것이다.
여행자는 손님이 되어 자신에게 맞는 집을 골라 숙박을 해결한다. 어디를 가나 비슷한 호텔이 아닌 현지인의 집에서 숙박하면서, 현지인의 문화와 생활을 체험할 수 있어서 점점 여행자들의 선호도가 높아지고 있다.



#### 호텔스 닷컴(Hotels.com)

다양한 숙박 시설이 리스트로 올라와 있지만, 호스텔의 비중이 높다. 저렴하고, 다양한 호스텔에 대한 정보가 많이 나와 있어서, 베낭 여행자가 가장 많이 찾는 사이트이다.

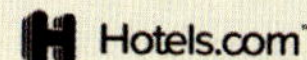

**1. 미리 해도 싸지 않다.**
일정이 확정되고 비행기 표를 끊었으면, 숙소를 예약해야 한다. 임박해서 예약하면 같은 기간, 같은 객실이어도 비싼 가격으로 예약을 할 수밖에, 없다는 것이 호텔 예약의 정석이지만, 여행자들이 여행 일정에, 임박해 숙소 예약을 많이 하는 특성을 아는 숙박업소들은 일찍 예약한다고 미리 저렴하게 숙소를 내놓지는 않는다.

**2. 후기를 참고하자.**
호텔의 선택이 고민스러우면 숙박 예약 사이트에서 나오는 후기를 꼼꼼히 잘 읽어 봐야 한다. 특히 한국인은 까다로운 편이기에 후기도 우리에게 적용되는 면이 많으니 본인에게 맞는 숙소를 고르는데, 많은 도움이 된다.

**3. 미리 해도 무료취소 기간을 확인해야 한다.**
미리 호텔을 예약하고 있다가 여행이 취소된다든지, 다른 숙소로 바꾸고, 싶을 때 무료취소가 아니면, 환불 수수료를 내야 한다. 무료취소 기간에 취소해야, 일정변경에 따른 추가 경비를 지불 하지 않을 수 있다.

**4. 선풍기인지? 에어컨이지? 꼭 확인하자.**
태국은 더운 나라이기 때문에 냉방 시설을 갖추고 있다. 시설은 좋지만, 가격이 싼 숙소가 나와서 예약을 하면 선풍기(Fan)로 표시된 숙소를 종종 발견할 수 있다. 여름에 덥고 습한 경우가 많아서 에어컨이 있는 숙소를 추천한다. 쉴 때 잘 쉬어야, 여행을 잘할 수 있는 법이다.

**5. 보증금(Deposit)을 꼭 챙기자.**
숙소에 따라 보증금을 받는 숙소가 있다. 각종 기물 파손이나 체크 아웃이 늦을 시 보증금에서 차감하는, 경우가 있다. 컵부터 침대까지 손상을 입히면 변상을 해야 한다. 각 품목에 대한 변상금을 객실에 비치해 뒀다. 아무 문제가 없으면, 체크아웃할 때 돌려준다.

**6. 귀중품은 본인이 잘 관리하자.**
아무리 좋은 호텔이나 숙소라도 객실에 돈이나, 귀중품을 눈에 보이는 곳에 두고, 외출하는 경우를 삼가면 된다. 본인이 항상 가지고 다니는 게 제일 좋지만, 부득이 한 경우에는, 객실이나 호텔에 비치된 안전 금고를 꼭 이용하자.

# 끄라비 여행 물가

끄라비 여행에서 큰 비중을 차지하는 것은 항공권과 숙박이다. 항공권은 방콕에서 저가 항공이 취항하고 있으므로 끄라비까지 가는 항공을 저렴하게 구할 수 있다면, 굳이 시간도 걸리고, 몸도 피곤한 버스를 이용할 필요는 없다.

숙박은 저렴한 호스텔이 원화로 8,000원대부터 있어서 항공권만 빨리 저렴하게 구하면, 숙박비는 큰 비용이 들지 않는다. 하지만 좋은 호텔이나 리조트에서 머물고 싶다면 더 비싼 비용이 든다.

▶ **왕복 항공료** | 29～80만 원
▶ **숙박비(1박)** | 1～10만 원
▶ **한 끼 식사** | 2천～5만 원
▶ **교통비** | 5천～1만원

| 구분 | 세부 품목 | 3박 4일 | 6박 7일 |
|---|---|---|---|
| 항공권 | 태국항공, 저가항공 | 290,000～800,000원 | |
| 공항에서 | 버스, 택시-(왕복) | 12,000～30,000원 | |
| 숙박비 | 호스텔, 호텔, 리조트 | 10,000～150,000원 | |
| 식사비 | 한 끼 | 2,000～50,000원 | |
| 시내교통 | 택시, 로컬버스 | 5,000원 | |
| 투어비 | 각종 입장료 | 20,000～40,000원 | |
| | | 약 450,000원～ | 약 910,000원～ |

# 끄라비 여행 계획 짜는 비법

## 1. 주중 or 주말

끄라비 여행도 일반적인 여행처럼 비수기와 성수기가 있고, 요금도 차이가 난다. 7~8월, 12~2월의 성수기를 제외하면, 항공과 숙박 요금도 차이가 있다. 비수기나 주중에는 할인 혜택이 있어 저렴한 비용으로 조용하고 쾌적한 여행을 할 수 있다. 주말과 국경일을 비롯해 여름 성수기에는 항상 관광객으로 붐빈다. 황금연휴나 휴가철 성수기에는 항공권이 매진되는 경우가 허다하다.

## 2. 여행기간

끄라비 여행을 안 했다면, "끄라비에 뭐 볼 게 있겠어?"라는 말을 할 수 있다. 하지만 일반적인 여행 기간인 3박 4일의 여행 일정으로 모자란 곳이 끄라비이다. 끄라비 여행은 대부분 3박 4일이 많지만, 끄라비 근처 섬들을 여행하고 싶다면 적어도 10일 정도는 가야 한다.

## 3. 숙박

성수기가 아니라면 끄라비 숙박은 저렴하다. 숙박비는 저렴하고, 시설은 나쁘지 않다. 주말이나 숙소는 예약이 완료된다. 특히 여름 성수기에는 숙박은 미리 해야 문제가 발생하지 않는다.

## 4. 어떻게 여행 계획을 짤까?

먼저 여행 일정을 정하고 항공권과 숙박을 예약해야 한다. 여행 기간을 정할 때 얼마 남지 않은 일정으로 계획하면 항공권과 숙박비는 비쌀 수밖에 없다. 특히 동남아 지역은 항공료가 쉽게 상승한다.

저가 항공인 에어 아시아가 경유 항공편으로 취향 하고 있으니, 저가항공을 잘 활용하면 된다. 숙박 시설도 호스텔로 정하면 비용이 저렴하게 지낼 수 있다. 유심을 구매하면, 관광지를 모를 때 구글맵을 사용하면 쉽게 찾을 수 있다.

## 5. 식사

끄라비 여행의 가장 큰 장점은 물가가 저렴하다는 점이다. 그렇지만 고급 레스토랑은 비싼 편이다. 하루 한 끼 식사는 비싸더라도 제대로 식사를 하고, 한 번은 태국 사람들처럼 저렴하게 식사를 하면 적당하다. 끄라비 타운이나, 아오낭 비치는 걸어 다닐 수 있어서, 식당을 찾아가는데 굳이 교통비가 들지 않는다.

# 태국은 안전 한가요?

### 나 홀로 여행도 가능한 치안

태국은 동남아시아에서 가장 안전하다고 손꼽히는 치안이 좋은 국가이다. 혼자 여행하거나 여성이라도 안심하고 여행할 수 있다. 물론 관광객을 노리는 소매치기 등의 사건은 발생하지만, 치안 때문에 여행하기 힘들다는 이야기는 듣기 힘들 정도이며, 밤에 돌아다녀도 위험하다고 생각하지 않는 여행자가 대부분이다.

### 숙소의 보이는 장소에 돈을 두지 말자.

호텔이든 호스텔이든 어디에서나 돈이 될 만한 물품은 숙소의 보이는 곳에 놓지 말아야 한다. 금고가 있으면, 금고에 넣어두면 되지만, 금고가 없다면, 여행 캐리어에 잠금장치를 하고 두는 것이 도난 사고를 방지 할 수 있다. 도난 사고가 나면 5성급 호텔도 모른다고 하니까 본인 스스로가 조심하여야 한다.

### 슬립핑 버스에서 중요한 물품은 가지고 타야 한다.

슬립핑 버스를 타면 버스 밑에 짐을 싣고 탑승하는데, 이때 가방이 없어지는 사고가 발생하기도 한다. 자신의 짐인지 알고 잘못 바꿔 가는 사고도 있지만, 대부분은 가방을 가지고 도망을 가는 도난 사고이다. 중요한 귀중품은 몸에 가까이 두어야 계속 확인이 가능하다.

### 지나친 호의와 친절은 경계하자.

태국에서는 오토바이를 타고 소매치기를 하는 방법보다는 한국 사람인 것을 알고 한국 관련된 이야기를 하며, 경계심을 풀게 한 다음, 한국 돈을 보여달라고 한 후 돈을 가지고 도망가는 경우가 있다.
태국에서 소매치기를 당하면, 범인을 잡기도 어렵고, 도움을 받기도 쉽지 않으므로 항상 조심해야 한다.

# 환전

태국 통화는 '밧THB'으로 1밧이 약 38원이고, 자주 환율이 조금씩 변화되고 있다. 우리나라에서는 주요 시중 은행에서 환전은 가능하나 환전 수수료가 비싼 편이다. 우리나라에서 환전하는 것보다, 달러로 환전한 후에 끄라비에서 달러를 밧THB으로 바꾸는 것이 가장 편리하고 환전률도 유리하다. 공항환전소에서 하는 것보다 시내 사설 환전소를 이용하는 것이 환전율이 좋으니, 공항에서 시내까지만 사용할 최소한의 밧THB만 환전하자.

미국 달러로 환전해 가는 여행자가 의외로 많다. 우리나라에서 미국 달러를 환전한 후 태국 현지에 도착해 달러를 밧THB으로 환전하는 것이 금전적으로 약간의 이득을 보기 때문이다. 달러 환전은 환율 우대를 각 은행에서 받을 수 있고, 사이버 환전을 이용하거나 각 은행의 어플리케이션을 사용하면 최대 90%까지 우대를 받을 수 있다. 환전할 때마다 이득을 보므로 태국에서는 사용하는 금액이 많다면 달러로 반드시 환전해야 한다.

소액을 환전할 경우 원화에서 밧(THB)으로 바꾸거나, 원화에서 달러로 바꾸었다가 밧(THB)으로 바꾸어도 큰 차이가 나는 것은 아니다. 또한 태국 현지에서 환전이 가장 쉽고 유통이 많이 되는 100달러를 선호하기 때문에 100달러로 환전해 태국여행을 하는 것이 최선의 방법이다.

### 1$의 유용성

태국여행에서 호텔이나 마사지 숍을 가거나 택시 기사 등에게 팁을 줘야 할 때가 있다. 이때 1$을 팁으로 주면 태국 B(밧)으로 줄 때보다 더 기쁘게 웃으면서 좋아하는, 태국인들을 보게 된다. 그만큼 태국에서 가장 유용하게 유통이 되는 통화는 미국 달러이다.

### 태국 여행경비를 모두 환전해야 하나요?

태국에서 사용하는 여행경비는 실제로 가늠하기가 쉽지 않다. 왜냐하면 다양한 목적으로 태국을 방문하는 관광객이 너무 많아서 그들이 사용하는 경비는 개인마다 천차만별로 달라지고 있다. 하지만 사용할 금액이 많다고 태국 밧으로 두둑하게 환전하는 것은 좋지 않다. 남아서 다시 인천공항에서 원화로 환전을 하면, 환전 수수료 내고 재환전 해야 하므로 손해이다. 그러므로 달러를 바꾸었다가 필요한 만큼 현지에서 환전하면서 사용하는 것이 최선의  방법이다.

### 어디서 환전을 해야 하나요?

태국여행에서 환전을 어디에서 해야 하는지 질문하는 사람이 많다. 태국은 공항 환전율이 좋지 않다. 그러므로 공항에서는 숙소까지 가는 비용이나 하루 동안 사용할 금액만 환전하고, 다음날 시내 환전소에 환전하는 것이 좋은 방법이다.
시내의 환전소는 매우 많다. 또한 환전하고 밧으로 돈을 받으면 반드시 맞게 받았는지, 그 자리에서 꼭 확인해야만 한다. 시내 환전소에서 환율을 높게 쳐주었다고 고마워했는데 실제로 확인을 안 했다가, 적은 금액을 받았다면 아무 소용이 없을 것이다. 그런데 이런 일은 자주 일어나는 소액사기의 한 방법이므로 반드시 환전하고 확인하는 습관을 갖는 것이 좋다.

### ATM 사용

가지고 간 여행경비를 모두 사용하면 ATM에서 현금을 인출 할 때가 있다. 신용카드나 체크카드 모두 출금이 가능하다. 인출 하는 방법은 세계 어디에서나 동일하므로 현금 인출기에서 영어로 언어를 바꾸고 나서 인출 하면 된다. 수수료는 카드마다 다르고 금액과 상관없이 1회 인출 할 때마다 수수료가 같이 빠져나간다. 태국에서 오래 머물게 되면 적당한 금액만 환전하고, 현금 인출기에서 필요한 금액을 인출 해 사용하는 것이 더 요긴할 때가 많다. 도난 사고도 방지하고, 생활하는 것처럼 아끼면서 사용하는 것이 환전 이득을 보는 것보다 적게 경비를 사용할 수 있어 장기 여행자는 환전보다 인출 하는 것이 좋은 방법이다.

태국에서 보통 체크카드나 신용카드로 현금을 인출하면, 건당 220B(약 8,500원)정도가 수수료로 빠져 나간다. 한국에 비하면 상당히 큰 금액이다.
한국에서 ExK 해외 현금 인출 서비스가 가능한 카드를 발급받고, 현금 인출 하면, 네트워크 수수료 1% 가 면제되고, 자동 환율 우대 30%가 적용되기 때문에 유학생이나 장기 여행자들이 많이 사용하고 있다. 태국 현지 수수료 건당 50B만 빠져나간다.
우리은행 ExK를 가지고 태국 Kasikorn Bank(KBank)에서 현금을 인출 하면, 별도의 수수료 없이 돈을 찾을 수 있다.

**▶카드 발급 가능 은행**
국내은행_ 신한은행(EXK 글로벌 IC 현금카드)
　　　　　우리은행(우리ONE 체크카드)
　　　　　하나은행( 국내직불카드)
　　　　　시티은행(현금카드(해외 사용등록)

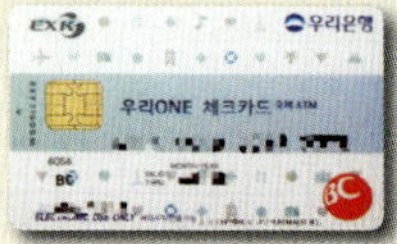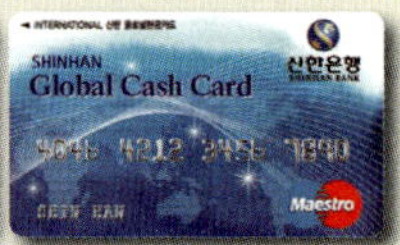

**▶카드 사용 국가**
미국, 필리핀, 말레이시아, 베트남, 태국, 인도네시아

**▶태국 이용 가능 은행**
SCB, TMB, UOB, Krungthai Bank(KTB), ThanachartBank, Kasikorn Bank(KBank),
Bangkok Bank PCL(BBL)

**▶ExK 이용가능 카드 조회**
http://exk.kftc.or.kr/service/card/card_main.jsp
(현재 가지고 있는 카드가 ExK 카드인지 조회 할 수 있다.)

**▶홈페이지** www.exk.kftc.or.kr

# 심 카드(Sim Card)

태국은 휴대폰 요금이 저렴해서 4G 심 카드를 사면, 체류 기간에 맞게 무제한 데이터를 이용할 수 있어서 편리하다. 기간이 끝나면 휴대폰 매장이나, 세븐 일레븐, 패밀리마트등 편의점에 가서 본인이 이용하는 통신사와 충전금액을 말하면 충전 서비스를 해준다. (세븐 일레븐에서는 AIS 통신사는 충전이 안 된다.) 방콕으로 도착하는 여행객들은 국내에서 신청하고 태국공항에서 심 카드를 수령 하는 방법을 선호하고 있다. 가격도 저렴하고 추가 데이터나 통화시간을 주는 행사도 많이 한다.

### 무제한 데이터

대한민국에서 신청하고 오는 관광객은 도착 즉시 휴대폰을 켜면 무제한 데이터를 사용할 수 있고, 문자가 자신의 휴대폰으로 발송이 되므로 이상 없이 사용 할 수 있다. 예전처럼 무제한 데이터를 사용해도, 많은 금액이 자신에게 피해가 되어 돌아오지 않기 때문에, 걱정할 필요가 없게 되었다. 하루 동안 무제한 사용할 수 있는 금액이 매일 10,000원 정도였지만, 하루 동안 통신사마다 태국 무제한 데이터 사용금액이 달라졌기 때문에 사전에 확인하고 이용하는 것이 좋다.

심 카드 사용은 무제한 데이터로밍보다 저렴하다는 장점이 있지만, 단점은 한국에서 사용하던 휴대폰 번호를 사용할 수 없고, 태국에서 사용하는 새로운 번호를 받아서 사용하기 때문에 한국에서 문자와 전화는 받을 수 없다는 것이다.

# 태국 주재 한국대사관

## ■ 근무시간

월~금요일 : 08:30~12:00, 13:30~17:00
토, 일요일과 주재국 공휴일 및 한국의 3.1절, 광복절, 개천절, 한글날은 근무하지 않는다.

## ■ 주소

Embassy of the Republic of Korea 23 Thiam—Ruammit Road, Ratchadapisek,
Huai—Khwang, Bangkok 10310 Thailand

## ■ 전화

대사관 전화번호 : (662) 247—7537~39
영사과 전화번호 : (662)247—7540~41, (662)247—2805/ 2836 / 3225

## ■ 비상 연락처

당직 전화 (긴급연락처, 24시간) : 66—81—914—5803
영사 콜 센터 (서울, 24시간) : 82 2 3210 0404
현지병원: 사미티벳 병원 (수쿰빗49) : 02—711—8181, 팔람9 병원: 02—202—9999
현지 경찰: 1155
재태 한인회: 02—255—9711

태국어로 한국대사관은 "싸탄툿 까올리 따이" 라고 하며, 주소는 "소이 티얌 루엄 밋, 타논
라차다피섹, 후어이 꽝, 방콕"라고 말하면 된다.

## ■ 태국어로 된 대사관 주소

สถานทูตเกาหลีใต้ประจำประเทศไทย
(เข้าซอยเดียวกับศูนย์วัฒนธรรมแห่งประเทศไทย)
เลขที่ 23 ถนน เทียมร่วมมิตร รัชดาภิเษก ห้วยขวาง กรุงเทพฯ 10310
연락처: โทร. 02 — 247—7537~39

# 태국내 외국인 관광객이 당하기 쉬운 사기 유형

### 한국 돈 사기

길을 가다가 중동, 아랍, 인도계열의 사람이 다가와 친절하게 말 걸고, 조만간 한국에 여행을 간다면서, 한국 돈 종류가 어떻게 되냐? 오만원권은 무슨 색이냐? 뭐가 그려있냐? 하면서 지갑을 꺼내게 만들고, 보여주려고 지갑을 꺼내면 그 순간 갖고 달아나는 수법을 쓴다. 모르는 사람에게 절대 지갑을 보여주지 말아야 하고, 갑자기 친한 척하고 말

을 많이 하는 사람은 경계해야 한다. 경찰에 신고해도 잡을 확률이 거의 없다.

### 잔돈 사기

세븐 일레븐이나 패밀리마트에서 물건을 사고 1,000B을 내면, 포스에는 900B만 찍고, 거스름돈에서 100B을 빼고, 안 돌려주는 경우이다. 거스름돈을 자세히 확인 안 하고, 돈 단위를 혼동하는 관광객들에게 많이 하는 행동이다. 태국은 대부분 상점에서 영수증을 발급하니까 꼭 영수증에 나오는 금액을 확인해야 한다.

### 제트스키

파타야, 푸켓 같은 유명 해변에서 제트스키를 빌리고, 반납할 때 각종 흠집이나, 손상됐다고 하면서 말도 안 되는 수리비를 요구하는 경우이다. 요구를 들어주지 않으면 제복을 입은 가짜 경찰이 나타나서 경찰서로 가자고 협박을 하며 위협한다.
엄청난 금액을 요구하기 때문에 개인이 현장에서는, 감당할 수가 없다. 만약 이런 경우가 생기면 즉시 관광 경찰을 불러야 한다.
(전화 1155)

제트스키 빌릴 때는 절대 여권을 맡기지 말고, 미리 휴대전화 등을 이용하여 스크래치나 손상 가능성 있는 부위를 카메라로 촬영해 두어야 하며, 특히 손상 부위는 근접촬영 해서 증거로 남겨두어야 한다.

### 장거리 시외버스

방콕에서 치앙마이나 푸켓으로 장거리 시외
버스를 이용할 때 소지품 분실 또는 도난 사
례가 발생하고 있다. 일부 승객은 운전사가
권하는 음료수 등을 먹고 잠이 들었거나, 새
벽에 잠을 자는 동안 돈이나 귀중품을 몰래
훔쳐가거나, 짐칸에 놓은 가방을 열어서 귀
중품이나 물건을 훔쳐가는 경우가 있다. 장
거리 시외버스 이용할 때는, 돈이나 여권은
몸 밖으로 드러나지 않는 곳에 보관하고 타는 게 최고의 예방 방법이다.

### 택시 사기 1

택시를 타고 원하는 식당을 말하면 택시 기사가 그 식당은 저녁 늦게 문을 연다거나, 지금
은 영업이 끝났다고 하면서, 자기가 아는 식당을 데려다준다. 거리도 그리 멀지 않은 식당
에 데려다주면서 요금으로 터무니없는 금액을 부르고, 식당과 짜고 밥값도 터무니없는 가
격을 부른다. 요금을 못 내겠다고 하면, 밖에는 험악하게 생긴 현지인들이 불러 협박을 가
한다.
되도록 밤에는 모르는 낯선 곳에 가지 말고, 바로 관광 경찰을 불러야 한다.

### 택시 사기 2

택시에서 관광객들이 태국 지폐에 익숙하지 않은 것을 악용하여 고액권(500B 또는
1,000B) 지폐를 받고 나서, 그보다 적은 액면의 지폐(100B)를 받은 것처럼 속여 거슬러 주
거나, 아예 거스름돈 자체를 맞지 않게 돌려주는 경우가 있다. 고액권 지폐 사용할 때 주의
하고 잔돈은 현장에서 기사가 보는 가운데에서 확인하는 것이 바람직하다.

### 택시 사기 3

목적지를 말하고 택시를 타면, 미터기를 켜지 않고, 타자마자 한국에 대해 정신없이 이야기를 계속하면서, 목적지에 도착하면 미터기는 켜있지도 않고, 터무니없은 금액을 요구한다. 택시를 탈 때는 꼭 미터기가 켜져 있는지 확인하고, 구글맵으로 이동 경로가 맞는지 확인하고, 유난히 말 많은 택시 기사는 의심해야 한다.

### 뚝뚝 사기

동행이 있는 경우에 금액을 협상하고, 목적지에 도착하면 동행 포함 가격이 아니라 1인당 요금이라고 하면서, 200B 거리를 동행 1인당 금액을 내라고 하는 경우가 있다. 뚝뚝 기사와 처음부터 몇 명에 얼마로 확정해서 협상을 보고 타야 한다.

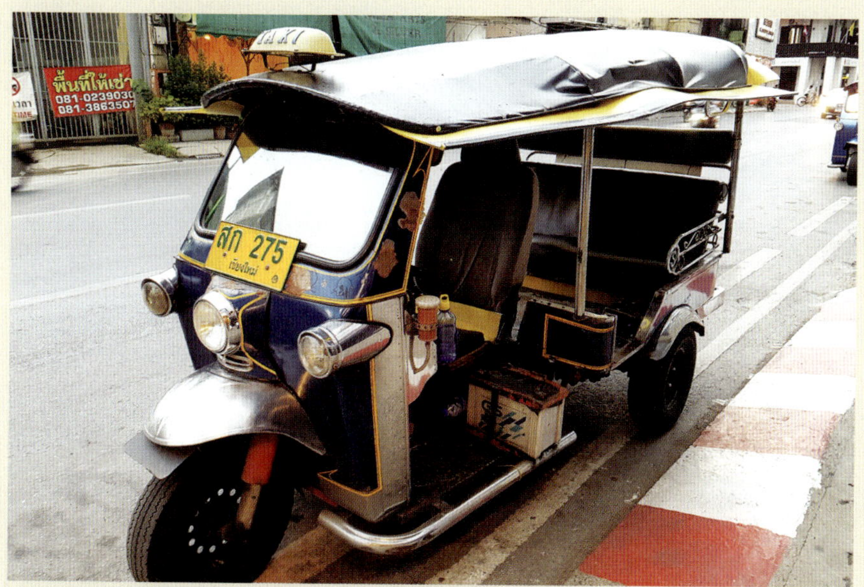


### 한국인 사기

길을 가다가 한국인인 걸 알아보고, 지갑을 잃어버려서 급하게 소액이 필요하다고 빌려달라고 한다. 연락처와 계좌번호를 알려주면 바로 보내주겠다고 하고 돈을 건네주면, 그 후엔 연락을 주지 않는다. 낯선 한국인이 돈을 빌려 달라거나, 태국 밧을 주면, 달러로 바꿔준다고 한다면, 한 번쯤 의심해 보는 것이 좋다.

▶관광 경찰 (전화 국번 없이 1155, 영어 가능)
▶주태국 한국대사관 영사과 02-247-7540/7541(평일 08:30~16:30),
　야간긴급전화 081-914-5803(야간 및 주말, 공휴일)

# 태국 대표 축제

태국은 관광 대국답게 다양한 축제가 연중 내내, 각 지역에서 개최되고 있다. 이중에는 세계적으로 유명한 축제도 있다. 축제는 불교, 농업, 태국 왕실과 깊은 관련을 맺고 있다.

| 날짜 | 축제 | 의미 | 지역 |
| --- | --- | --- | --- |
| 2.6~8 | 꽃 축제 | 치앙마이에서 열리는 꽃 축제 | 치앙마이 |
| 3.1 | 마카푸차 | 부처의 설법을 듣기 위해 제자들이 모인 날 | 태국 전역 |
| 4.11~19 | 파타야 축제 | 파타야에서 열리는 가장 큰 행사 | 파타야 |
| 4.13~15 | 송크란 축제 | 태국 전통 새해를 기념하는 물 축제 | 태국 전역 |
| 5.8 | 로얄플로잉 | 풍년을 기원하는 행사 | 방콕 |
| 5.17 | 비사카푸자 | 부처의 탄생, 득도 및 열반을 기념한다. | 태국 전역 |
| 8.12 | 왕비탄신일 | 왕비 탄신일을 기념하는 날 | 태국 전역 |
| 10.2~10 | 채식주의자 축제 | 중국계 주민들이 10일 동안 채식을 하는 행사 | 키옹 이아 |
| 11.14~15 | 코끼리 축제 | 100여 마리의 코끼리가 참여하는 행사 | 수린 |
| 11.20~22 | 러이 끄라통 | 죄의 용서와 개인적인 소원을 비는 행사 | 태국 전역 |
| 12.5 | 국왕탄신일 | 푸미폰 국왕 탄신일을 기념하는 행사 | 태국 전역 |
| 12.5 | 푸미폰 국왕 탄신일 | 푸미폰 국왕 탄신일로 아버지날 | 태국 전역 |
| 12.10 | 제헌일 | 1932년 최초로 헌법을 제정한 날 | 가능 |
| 12.31 | 연말 | 매년 마지막 날은 공휴일 | 가능 |

이외에도 다양한 축제가 태국 전역에서 열리고 있다.

## 쏭크란 축제(Songkran)

### 유래

세계 10대 축제에 들어갈 만큼 전 세계에서 유명한 축제이다. 쏭크란에 참가하기 위해서 태국을 방문하는 관광객들도 많다. 쏭크란은 태국 전통 설날로 우리나라 구정과 같이 큰 명절이다. 그 기간에는 멀리 떨어져 있는 가족들도 고향을 방문해서 가족, 친지들과 함께 명절을 보낸다. 쏭크란은 원래 불상에 물을 뿌리거나, 서로의 손에 물

을 흘려 정화를 하는 행사가 현재까지 이어져 축제가 된 것이다. 현재는 축복을 기원하는 뜻에서 서로에게 물을 뿌리는 행사로 유명해졌다.

4월은 건기 막바지로 1년 중 기온이 가장 높은 시기이다. 이 무더위를 식히기 위해, 서로 물을 뿌려준다는 의미도 있다. 쏭크란 축제가 다가오면 태국 전 지역은 그야말로 축제의 도가니이다. 남녀노소, 물총, 세숫대야, 양동이 등 물을 담을 수 있는 온갖 도구가 동원된다. 심지어 풀장을 준비하기도 한다. 물을 뿌리고, 맞는 행위가 서로의 복을 염원하는 의미가 있어서, 서로 웃으면서 기꺼이 맞아준다. 지역에 따라 기간을 연장해서 축제를 즐기기도 한다.

**1. 옷과 신발을 챙기자.**

커다란 실외 수영장에 간다고 생각하자. 물에 적어도 되는 옷과 속옷 대신 수영복을 입거나 레시가드를 입는 것이 좋다. 바닥이 온통 물바다여서 미끄러울 수 있느니 아쿠아 슈즈나 스트랩 샌들을 꼭 챙기자

**2. 고글이나 선글라스를 준비하자.**

물을 제대로 뿌리고 싶으면, 눈을 보호해야 한다. 선글라스를 끼는 것보다는 투명 고글이나 투명 눈 보호 안경을 준비해가서 쓰는 게 좋다.

**3. 방수 가방, 방수 팩은 필수다.**

온몸이 젖으니 휴대폰이나 돈은 꼭 방수 가방이나 팩에 보관해야 한다.

**4. 중요 귀중품은 숙소 금고에 보관하자.**

워낙 사람들이 많고 혼잡한 틈을 타서 소매치기 범죄가 발생하니, 지갑, 휴대폰, 카메라는 각별한 주의가 요구된다. 돈은 교통비 정도만 가지고 나오고 나머지는 숙소 금고에 보관하여야 한다.

**5. 관광지, 왕궁, 음식점 휴무 확인하자.**

태국 최대의 축제이니만큼 쏭끄란 기간에는 왕궁, 관광지, 음식점들이 문을 닫는 경우가 많이 있으니, 꼭 영업일을 확인하자

**6. 대중교통을 이용하자**

축제 기간에는 태국 전역에 교통 체증이 극심하다. 축제 지역의 교통을 통제하기 때문에 대중교통도 쉽지는 않다. 숙소를 축제 지역 가까운데 잡거나, 걸어서 가는 법도 고려해야 한다.

**주의 사항**

1. 태국 스님에게 물을 뿌리는 행위는 금지되어 있다.
2. 일행들과 떨어질 상황에 대비해, 만나는 장소를 미리 정해 둔다. 숙소, 숙소 근처 편의점으로 장소를 정하는 게 좋다.
3. 축제 기간이니만큼 물을 아무리 맞아도 화를 내지 않는다. 웃음으로 맞아주길 바란다.

## 러이 끄라통(Loi Krathong)

### 유래

러이Loy는 태국어로 '떠나보내다', 끄라통Krathong은 '바나나 잎으로 만든 작은 바구니'를 뜻한다. 즉 러이 끄라통은 강에 작은 등불을 띄우며 고대 물의 신에게 경의를 표하던 전통에서 유래한 행사이다. 태국력으로 매년 12월 보름에 열린다.

우리가 잘 알고 있는 러이 끄라통은 치앙마이 러이 끄라통 축제로 소원을 담을 등불을 하늘로 날려 보내는 이뻥Yee Peng/Yi Peng축제 이다. 가장 전통적인 러이 끄라통을 보려면 수코타이에서 열리는 축제를 방문하면 된다.

### 〈수코타이〉

**러이 끄라통 & 촛불 축제**
- ▶장　소 | 수코타이, 수코타이 역사공원
- ▶이벤트 | 끄라통 행렬, 촛불 축제, 불꽃 쇼, 민속춤

### 〈방콕〉

**지역별 러이 끄라통 축제**
- ▶장　소 | 방콕, 차오프라야 강변
- ▶이벤트 | 미인 선발대회,
　　　　　　끄라통 콘테스트, 전통연극, 공연

### 〈치앙마이〉

**이뻥 축제**
- ▶장　소 | 치앙마이, 타패 게이트, 삥 강 주변
- ▶이벤트 | 등불 날리기, 태국 전통 공연, 불꽃 축제

### 〈아유타야〉

**땀 쁘라팁 페스티벌 축제**
- ▶장　소 | 방사이 왕립 민속예술 & 수공예 센터
- ▶이벤트 | 태국 음식 축제, 수상 시장, 보트 경주

# 끄라비 축제

## 차크 프라 축제(Chak Phra Festival Krabi)

끄라비Krabi 주의 파이 프라야Phai Phraya 지역에서 열리는 불교 관련 축제이다. 축제에는 약 3km의 멋진 퍼레이드 행렬을 시작으로 다양한 볼거리들이 있다. 2007 년 12월 5일에는, 지역 전통을 보존하고, 국왕 탄신 일 80주년을 기념하기 위해 성대하게 개최되었다. 축제에 참여한 많은 불교 신자들은 노랑 셔츠를 입고 참여했다고 한다. 축제의 또 다른 목적은 지역 사회 구성원들 간의 사랑과 단결을 촉진하는 목적도 가지고 있다. 매년 끄라비 타운에 열리고 있다.

**위치_** 끄라비 타운 주변  **일정_** 매년 11월 16일~18일

## 끄라비 보크 파 안다만 축제(Krabi Boek Fa Andaman Festival)

끄라비Krabi는 안다만해와 접해 있어서 예전부터 인도 문화의 영향을 많이 받아왔다. 박물관이나 사원을 둘러보면 인도의 문화의 흔적을 곳곳에서 찾아볼 수 있다. 대표적인 것이 불교이다.

인도와의 교류를 기념하기도 하고, 관광 성수기인 11월에 행해지는 만큼 이 축제를 통해 본격적으로 관광객들을 맞을 준비가 돼 있다는 것을 보여준다. 이 축제에는 퍼레이드, 뮤지컬 공연, 전통춤 공연, 카약 대회, 보트 대회 등 다양한 행사가 진행되고, 행사 주변 곳곳에는 먹거리 사장도 펼쳐지니 꼭 경험해 보기 바란다.

**위치_** 끄라비 타운 주변  **일정_** 매년 11월 16일~18일

# 끄라비 록 & 파이어 인터내셔날
# (Krabi Rock and Fire International)

끄라비Krabi의 록 클라이밍을 홍보하기 위해 만든 국제적인 행사이다. 끄라비Krabi의 아름다운 자연환경과 록 클라이밍으로 유명한 절벽을 홍보하기 위해 주 정부에서 만든 행사이다. 행사 기간에 방문하면 세계 수준급 암벽 등반가가 등반하는 것을 눈앞에서 볼 수 있다. 일반인들을 대상으로 초보자 교육도 곳곳에서 실시하니 참가하면 좋은 경험이 될 것이다. 밤에는 행사장 주변에서 화려한 불꽃 쇼도 펼쳐지니 놓치지 마시기 바란다.

**위치_** 톤사이 비치Tonsai Beach, 포다 섬Poda Island
**일정_** 매년 4월

# 샅 두안 십 페스티벌(Sat Duan Sip Festival)

조상들을 기리는 전통 행사이다. 이 축제는 매년 음력 10월 14일~15일 2일 동안 열리고, 이날은 멀리 떨어진 친척들도 모여서 친목을 도모한다.
가족, 친척들과 함께 모여 각양각색으로 정성스럽게 만든 바구니에 풍성한 음식을 넣어서, 행렬을 이루면서 사원으로 이동한다. 사원에 가서는 조상에 대한 예의 갖춘다. 이 기간에 방문하면 새로운 태국의 모습을 볼 수 있고, 여행자들도 즐겁게 참여할 수 있어서 인기가 좋은 행사이다.

**위치_** 끄라비 타운 주변
**일정_** 음력 10월 14일~15일

# 끄라비 여행의 필수품

## 1. 모자

따가운 햇살이 항상 비추는 끄라비는 관광지가 대부분 그늘을 피할 곳이 많지 않다. 그러므로 미리 모자를 준비해 가는 것이 얼굴도 보호하고 두피도 보호 할 수 있다.

## 2. 우산

대표적인 관광지인 끄라비는 바다를 끼고 관광지가 형성되어 있다. 여행을 하면서 스콜을 만나기도 하고 따가운 햇살을 맞으면 피부가 화끈거리기도 한다. 대부분의 관광지는 그늘이 없어서 우산을 가지고 가면 햇볕이 뜨거우면 양산으로 사용하고 비가 오면 우산으로 사용하면 된다.

## 3. 긴소매 옷과 긴 바지

햇볕에 매일 노출되는 여행자는 피부를 보호하는 것이 좋다. 햇볕에 너무 노출이 심하게 되면 벗겨지기도 하고 저녁에 따갑거나 피부 때문에 잠을 자기 힘들 수도 있다.

## 4. 알로에

피부 온도를 내려주는 알로에는 동남아시아에서 많이 파는 상품 중의 하나로 미리 준비하면 좋다. 따갑거나 벗겨졌을 때 바르면 피부를 보호도 하고 따가움을 완화 시킬 수 있다.

# 태국 여행시 주의 사항과 대처방법

**왕실에 대해 함부로 말하지 않는다.**
태국은 왕이 현존하는 국가로 왕실에 대한 존경과 믿음이 대단하다. 태국인들 앞에서 함부로 왕실에 대해 나쁘게 이야기하거나, 왕실과 관련된 물건, 사진을 함부로 대하면 굉장히 화를 낸다.
식당, 일반 가정집, 도로에도 국왕 사진이나 왕비 사진이 걸려 있을 만큼 왕실은 절대적이 존재이다. 태국인에게 왕실은 범접할 수 없는 영역이다. 태국 지폐에는 전통적으로 국왕의 얼굴이 인쇄되어 있는데, 이런 지폐를 훼손하거나 밟는 행위는 범죄로 간주 된다.

**여자는 스님과 접촉하지 않는다.**
태국은 전체 인구의 95% 이상이 불교도인 나라이다. 불교가 경제, 사회, 문화에 지대한 영향을 미치고 있다.
종교적으로 여성은 스님과 접촉이 허용되지 않는다. 사원에서도 여성들에게는 복장에 대해 엄격하고, 물건을 주고, 받을 때도 접촉하면 안 된다.

**머리를 쓰다듬지 않는다.**
태국인에게 머리는 영혼이 깃든 곳이라는 생각이 강하다. 그래서 어린아이 머리도 함부로 쓰다듬으면 안 된다. 우리나라에서 하듯이 하면 안 된다. 혹시 모르고 만졌다면 바로 사과해야 한다. 머리를 만질 수 있는 사람은 종교적 의식을 행하는 스님뿐이다.

**왼손을 사용하지 마라.**
태국에서 왼손은 화장실에서 사용하는 손이라는 인식이 있다. 그래서 왼손으로 악수를 하거나 물건을 건네주면 대단히 실례가 되는 행동이다. 돈을 주거나 받을 때 꼭 오른손을 이용하는 게 좋다.

**발을 함부로 놀리지 마라.**
발은 신체 부위 중 가장 낮은 취급을 받는다. 발길질을 하거나, 발로 물건을 밀어서 주는 행동은 상대방을 업신여기는 행동으로 여긴다.

# 알아두면 유용한 팁

### 1. 물

태국 물에는 석회질 성분이 있어서, 마시는 물은 생수를 마셔야 한다. 석회질 성분이 함유되어 있어서 배앓이를 심하게 하는 경우가 많다. 음식점에서 나오는 물을 먹지 말고, 꼭 생수를 사서 먹는 게 좋다. 피부가 민감한 사람은, 샤워하는 경우, 트러블이 일어날 수 있으니, 필터가 있는 샤워기를 준비해가서 사용하는 것도 좋은 방법이다.

### 2. 술

태국은 주류 판매에 대해 엄격하다. 판매 허용시간(11:00~14:00, 17:00~24:00)도 정해져 있고, 공휴일이나 왕실 관련 행사가 있는 날에는 종일 술을 팔지 않는, 경우도 있다. 애주가 분들은 미리 알아보는 게 좋다.

### 3. 총

여행객들이 잘 모르지만, 태국은 합법적으로 개인의 총기 소유가 허용되는 나라이다.
태국민들은 자존심이 굉장히 세다. 만약 타인에게 자존심에 상처받는다면, 예기치 않는 불상사로 이어질 수도 있으니, 태국에서는 항상 그들의 문화와 상황을 존중해야 한다. 사고가 나면 손해는 여행객만 입는다.

### 4. 담배

올해부터 태국 정부는 태국 유명 해변에서 담배를 피우다 걸리면 최대 1년 이하의 징역이나 10만 B(약 380만 원) 벌금 등 강력한 처벌을 한다고 발표했다.
금연 지역으로 선정된 곳은 푸켓의 빠통, 파타야, 사무이섬등 20개 지역이다. 인근 해변을 여행한다면 꼭 표지판을 보고, 흡연은 삼가야 한다.

### 5. 화장실

태국은 화장실 이용 후 뒤처리를 물과 손으로 한다. 그래서 화장실에 휴지가 없는 경우가 많으니 휴지는 항상 휴대해야 한다. 야시장이나, 버스 휴게소에서는 비용을 받기도 하니까 잔돈이 있으면 유용하게 사용 할 수 있다.

# 태국여행 전 꼭 알아야 할 태국 이동 수단

태국에는 다양한 교통수단이 존재한다. 교통수단에 맞게 잘 이용하면, 목적지에 저렴하고, 빠르게 이동 할 수 있다. 우리나라에서는 없는 교통수단도 있어서, 여행 전에 미리 알아두는 게 좋다.

## 1. 택시

태국 전 지역에서 쉽게 만날 수 있는 교통수단이다. 우리나라와 같이 눈에 띄는 색으로 되어 있어서, 큰길가나 골목길에서도 볼 수 있다. 택시는 기본적으로 미터제로 요금이 책정된다. 방콕이나 치앙마이 같은 대도시 경우에만 미터기로 운행하고, 푸켓, 코사무이 같은 경우에는 터무니없이 비싼 정액제로 운행하는 곳이 많다.

## 2. 썽태우

작은 트럭을 개조해서 짐 싣는 곳 양쪽에 간단한 의자를 설치해서 손님을 태운다.
지역에 따라 특정 경로를 버스같이 왕복하는 썽태우도 있고, 택시와 같이 원하는 목적지를 말하고 가격을 협상하면 태워 주기도 한다. 자리가 불편하고 에어컨이 없어서, 주로 가까운 곳에 가기 위해 탄다. 정확한 이동 경로를 모르는 여행객들은 타기가 쉽지 않다. 주로 현지인들이 많이 탄다.

## 3. 뚝뚝

태국 도착하면 제일 신기하게 보는 교통수단이다. 택시가 나오기 전부터 태국인들의 이동을 책임져온 전통적인 교통수단이다. 현재는 택시, 썽태우에 밀렸지만, 주요 도시에서는 관광객을 대상으로 영업을 한다. 요금도 정확하지 않고, 시원하지 않기 때문에 경험 삼아 이용하는 정도이다.

## 4. 오토바이 택시

태국 전 지역에서 제일 쉽게 볼 수 있는 교통수단이다. 눈에 띄는 원색의 조끼를 입고 있다. 길을 가다가 거리에 있는 조끼를 입고 오토바이를 세우고, 목적지를 말하면 된다. 주로 혼자 이동할 때 많이 이용한다. 교통 체증이 심한 곳이나, 출퇴근 시간에 이용하면 저렴한 가격에 빠르게 목적지까지 이동 할 수 있다.

### 5. 시내버스

방콕에 가장 많은 노선이 있고, 치앙마이에는 최근에 몇 개의 노선이 생겼다. 우리나라 같이 버스 카드로 승차 가능한 버스도 있지만, 주로 현금을 받는 사람이 따로 있다.

### 6. 장거리 노선버스

태국은 우리나라의 국토 면적의 약 2.3배이다. 면적 뿐만 아니라 북쪽에서 남쪽까지 길이도 길다. 단거리 노선부터 장거리 노선까지 다양하게 잘 발달 되어 있다. 버스 시설에 따라

금액이 많이 달라진다. VIP버스에는 안내양이 따로 있고, 식사 및 간식도 제공해 준다. 화장실도 버스에 있다.

# 자동차, 오토바이, 자전거, 전동 킥보드 렌트하기

### 자동차

자동차를 렌트 하면, 이동 거리가 늘어나고, 도시 간 이동도 자유롭게 할 수 있어서, 가족 단위 여행객들이 렌트를 선호한다. 공항에 도착하면 다양한 회사에서 자동차 렌트를 해주고, 브랜드가 있는 회사는 한국에서 예약하고 가면 도착 즉시 이용이 가능하다.
탑승 전에 스크래치, 예비 타이어와 공구 위치도 확인해야 한다. 태국은 우리나라와 반대 방향으로 운전하기 때문에 운전 시 항상 유념해야 한다.

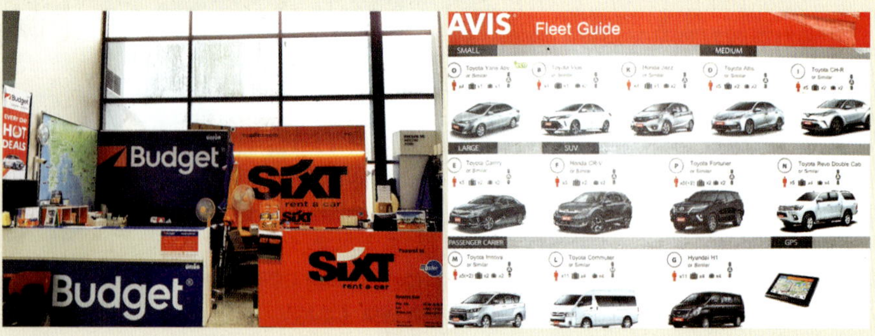

### 오토바이

태국에서 오토바이 운전을 배웠다는 말이 있을 정도로, 태국 유명 관광지에서 많이 렌트해서 이용하는 교통수단이다. 푸켓, 파타야, 끄라비 같은 경우에는 택시나 썽태우 값이 비싸서 여행객들은 오토바이 렌트를 많이 한다. 헬멧 착용과 국제 운전 면허증은 꼭 소지하고 다녀야 한다. 경찰의 불심 검문에 적발되면 1회 500B의 벌금을 물어야 한다.

주로 외국인 관광객들을 대상으로 단속하기 때문에 준비를 철저히 해야 한다. 빌릴 때 오토바이 상태를 체크 하고, 오토바이 전체 사진을 찍어두도록 한다. 그렇지 않으면 반납할 때 문제가 발생할 수 있고, 주차장에서 찾기 쉽지가 않다. 오토바이도 지정된 곳에 주차해야 한다. 견인 당하면 벌금에, 견인비까지 지불해야 한다.

### 자전거 렌트

치앙마이, 수코타이같이 언덕이 별로 없는 역사 도시에서는 자전거 렌트도 좋다. 비용도 저렴하고 운동도 되니 일석이조의 효과를 거둘 수 있다. 오토바이 렌트 해주는 곳이나 숙소에서 렌트 할 수 있고, 보증금을 걸거나 여권을 맡기면 된다.

### 전동 킥보드 렌트

치앙마이나 대도시의 경우 전동 킥보드를 사용할 수 있다. 인도나 도로에 주차된 전동 킥보드 회사의 어플리케이션을 깔고, 카드를 등록한 다음 주차된 전동 킥보드의 바코드를 스캔하면 잠금이 풀려서 사용 할 수 있다. 1일권, 1주일권, 1달권 등 다양하게 가격이 책정되어 있다. 사용 시간을 넘기는 경우 추가 요금이 부과된다.

Krabi
끄라비

Krabi Discovery

# 태국 IN

6시간을 날아가 푸껫공항에 내려, 육로로 3시간을 달리면 끄라비가 나온다. 태국 서부에 자리 잡은 끄라비 시의 중심도시인 끄라비엔에는 끄라비 공항이 있지만 에어아시아만 운항을 하기 때문에 푸껫 공항을 주로 이용한다.

대부분은 대한항공이나 아시아나항공을 이용한다. 타이항공이 하루에 4편을 운영하고 있는데 가장 노선이 많다. 푸껫 공항은 작기 때문에 오른쪽으로 돌아 나오면 큰 어려움 없이 나올 수 있다.

푸껫 국제공항은 크지않다. 나오자마자 오른쪽, 왼쪽으로 한번씩만 돌면 입국심사대가 보인다.

## 1. 기내에서 입국카드 작성
기내에서 나눠주는 입국카드를 작성한다.

## 2. 내려서 입국검사장으로 이동
항공기에서 내리면 조금만 오른쪽, 왼쪽으로 이동하면 입국장에 들어선다. 여권과 입국카드를 준비해둔다.

## 3. 입국심사
줄을 서서 차례를 기다린 후 자신의 차례에 입국심사를 하고 지나간다.

## 입국카드 작성방법

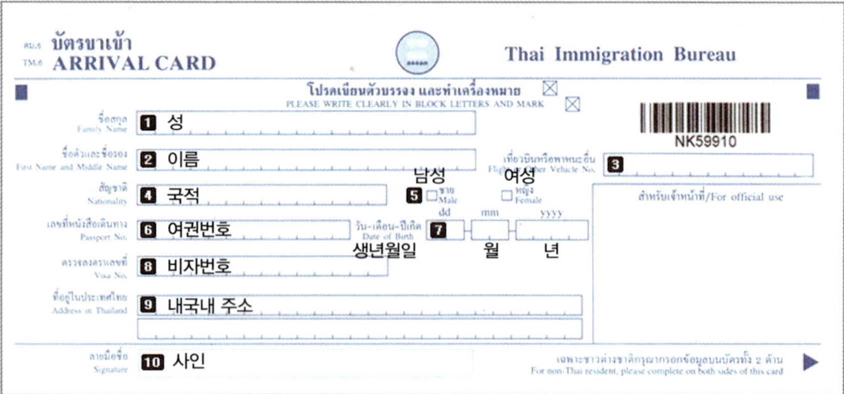

## 4. 수화물 찾기

입국심사가 끝나면 자신의 짐을 찾는다.

## 5. 공항문을 나와서 정면의 카운터로 이동

공항문을 나오면 정면에 택시를 선택할
수 있는 카운터가 있다. 여기에서 돈을 지
불하면 택시를 탈 수 있다.

# 푸켓에서 끄라비 IN

푸껫 공항에서 푸껫의 빠통 비치로 이동
하여 1일 정도를 묵다가 끄라비로 이동할
수도 있다. 끄라비로 바로 가려면 혼자보
다는 여럿이 흥정을 하여 이동해야 한다.
끄라비 시내로 들어가기 위해서는 가장
좋은 방법이 공항 미니버스이다. 택시와
미니버스의 가격은 흥정에 따라 같이 가
는 인원이 몇 명이냐에 따라 가격이 달라
지니 반드시 흥정하기를 바란다.

끄라비 행정구역도

끄라비 시티지도

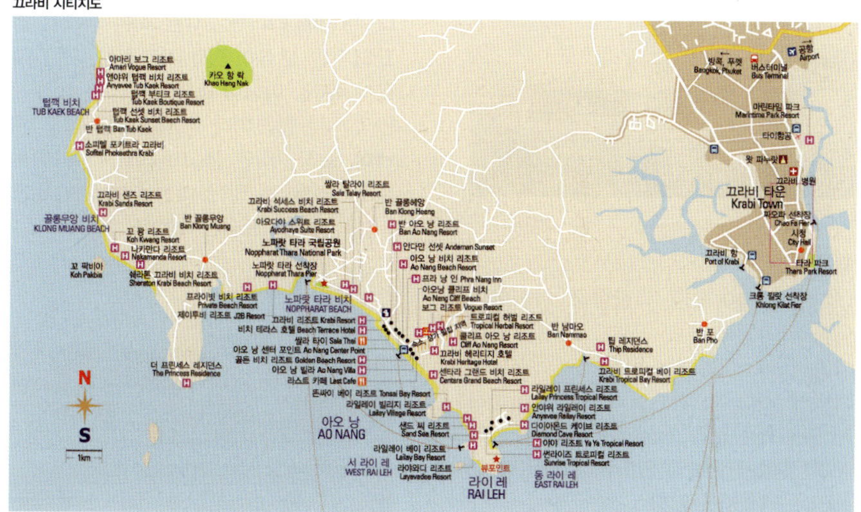

# 끄라비 IN

## 공항

끄라비 국제공항이 있지만 우리나라에서는 푸껫 공항을 이용해 아시아나와 대한항공이 운항편을 이용해 태국으로 들어와 3시간 정도의 육로로 끄라비로 이동하는 것이 일반적이다.

에어아시아로는 끄라비 공항을 이용할 수도 있다. 끄라비 공항은 약 10km 떨어져 있고 버스도 운행하고 있다. 끄라비 섬과 아오낭 해변으로 태국의 유일한 주변 섬을 운항하는 항공편도 있기는 하지만 거의 사용하지 않는다.

**푸껫공항**

대부분의 타이항공, 대한항공, 아시아나 항공을 이용해 푸껫 공항으로 이동한다. 끄라비까지 이동하는 항공기는 에어아시아밖에 없다. 아직은 끄라비까지 이동하는 항공기는 없다고 생각하면 된다. 그래서 푸껫에서 1~2일 있다가 끄라비로 이동하는 여행자도 많다.

▶ 끄라비 공항 → 아오낭 비치

공항버스(350B~)와 투어버스, 택시를 이용하면 된다. (1,000B~)

## 버스

끄라비 버스터미널에서 아오낭까지 송태우를 이용하거나 버스를 이용할 수 있다. 끄라비 타운 버스터미널에서 출발하여 끄라비 시내의 선착장에서 내릴 수도 있고, 시내 중심을 거쳐 아오낭 해변까지 갈 수도 있다. 요금은 250B로 비싸다. 버스터미널에서 아오낭까지는 100B이다. (아침 6시~ 22시 / 오후 6시 이후 1인당 20B씩 상승한다.)

# 공항에서 시내 IN

▶ 푸껫 공항 → 아오낭비치 이동
**봉고버스**

가장 많이 이용하는 방법이다. 버스로 푸껫까지 이동하고 다시 여행지마다 분류하여 다시 탑승해 아오낭 비치로 이동한다. 한번에 간다면 2시간 30분 정도가 소요되지만 분류하면서 기다리는 시간 때문에 4시간 이상이 소요된다.

만약 대한항공이나 아시아나를 타고 저녁에 도착한다면 봉고버스를 타고 이동해도 저녁에는 많은 여행을 하지는 않으니 탈 만하다. 요금은 3,000B 이상이다.

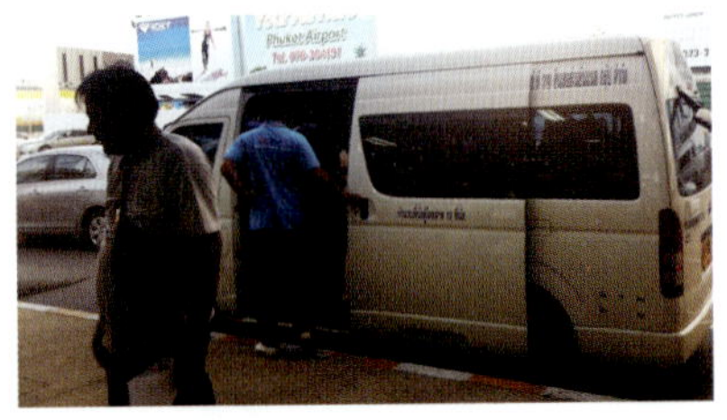

가족이 4명 이상이라면 봉고버스와 협상을 통해 아오낭까지 바로 이동하면 가격을 줄일 수도 있다.

### 항공
푸껫 공항에서 에어아시아를 이용해 끄라비 공항에 도착해 공항버스나 차량을 이용해서 가는 방법이 있다. 예약은 여행사 부스에 가서 신청하면 된다.
승용차의 경우 한 대당 700~800B, 미니밴일 경우에는 일반적으로 1인당 300B 선이고 2명 이상 이용 가능하다. 공항버스는 보통 1시간 간격이며 가격은 150B다.

### 선박
푸껫에서 정기선을 타고 끄라비 타운 콩지랏 선착장에 도착 후 택시나 송태우를 이용하여 아오낭까지 가는 방법이 있다.
푸껫에서 가장 빨리 아오낭으로 가는 방법이지만 택시를 대절하면 비용이 비싸다.

### ▶아오낭 시내 → 해변 이동
아오낭에서 툭툭이나 송태우를 이용하여 아오낭 비치로 이동할 수 있다. 하지만 거리는 멀지 않아 대부분은 걸어서 다닌다. 툭툭이도 특이하게 모터사이클 옆에 사람이 탈 수 있는 1인승으로 탈 수 있는 공간만 있는 것도 많이 운행하고 있다.
이동 거리가 짧고 도로가 한적한 끄라비에서는 이용하기가 좋지만 멀리 이동할 때는 매우 불편하고 안전하지 않다. (요금 100B~) 가까운 거리는 납짱이라고 부르는 오토바이 택시를 이용하기도 하지만 비용이 천차만별이다. 가격 흥정을 잘해야 한다.

# 끄라비(Krabi)로 들어가는 다른 방법

대한민국 여행자는 까다롭게 여행지를 선택한다. 여행지를 선택하는 것에 있어서 여행경비가 중요한 선택 요소로 작용하기 때문이다. 그중에 태국은 여전히 해외 첫 번째 여행지로 선호하는 여행자가 많다. 태국 끄라비krabi는 아직 한국에서 직항 노선이 없어서, 방콕Bangkok에서 환승을 하거나 버스를 이용하기도 하고, 푸켓Phuket에서 버스나 보트를 타고 이동해야 한다.

## 비행기

한국에서 가장 빠르게 끄라비krabi로 가는 방법이다. 방콕에서 환승을 하고 끄라비 공항으로 도착하는데 약 9시간 정도가 걸린다. (인천–〉방콕 5시간~6시간, 방콕–〉끄라비 1시간 30분)
푸켓Phuket 공항으로 도착해서 갈 경우에도 10시간 이상 걸린다고 예상하면 된다. (인천–〉푸켓Phuket 6시간 40분, 푸켓Phuket–〉끄라비Krabi 3시간)

방콕 돈 므앙 공항(DMK)에서 타이아시아나Thai Airasia, 타이라이온에어Thai Lion Air, 녹에어Nok Air 노선이 있고, 방콕 스완 나폼 공항(BKK)에서는 에어로 VIPAero Vip, 타이 에어웨이 인터네셔널Thai Airways International, 방콕항공Bangkok Airways, 타이 스마일Thai Smile 저가 항공 노선이 있다. 최근에는 치앙마이Chiang Mai에서 타이 에어아시아Thai Airasia(약 2시간) 직항 노선이 생겼다.

### 끄라비 국제공항(ท่าอากาศยานกระบี่ / Krabi International Airport)

끄라비 국제공항은 끄라비 타운Krabi Twon에서 16km 정도 떨어진 곳에 있다. 자동차로는 30분 정도 걸린다. 국제 터미널과 국내 터미널이 있고, 늘어나는 관광객들의 증가로 현재는 추가 터미널 공사를 진행하고 있다.

국내선은 방콕Bangkok, 치앙마이Chiang Mai 노선, 국제선은 중국china, 홍콩Hong Kong, 싱가포르Singapore, 말레이시아Malaysia 노선이 있다. 국제선보다는 방콕Bangkok에서 오는 노선이 압도적으로 많다. 끄라비krabi 공항은 푸켓Phuket의 대체공항으로 많이 이용되고 있으며, 성수기에는 24시간 운영한다.

## 끄라비 공항에서 시내 IN

공항에서 끄라비krabi 시내로 이동하려면 2가지의 방법이 있다. 1. 공항 셔틀, 2. 택시 or 밴이 있다. 끄라비krabi 공항에서는 시내에 들어가는 요금은 교통수단에 따라 정찰제로 정해져 있어 흥정할 필요가 없다. 각자 상황에 맞는 교통수단을 이용하면 된다.

### 1. 버스

끄라비krabi 공항에서 여행자들이 가장 많이 이용하는 교통수단이다. 도착 출구를 나오면 버스표를 파는 곳에, 사람들이 긴 줄을 서 있어서 쉽게 찾을 수 있다. 표를 끊고 공항의 출입구를 나가면, 왼쪽에 버스정류장이 있다. 장소에 따라 다르지만 혼자 여행하는 사람은 버스를 타는 게 저렴하다. 목적지를 승차할 때 말하면 숙소 앞에서 내려준다. 끄라비 타운krabi Twon에 도착하면, 정류소에서 썽태우로 숙소까지 데려다준다.

| 목적지 | 요금(B/1인) |
|---|---|
| 끄라비 버스정류장 | 80 |
| 끄라비 타운, 피피 섬, 꼬 란타 선착장 | 90 |
| 아오낭, 노파랏 타라 | 150 |
| 카오 광 비치 | 200 |

* 공항으로 갈 때 예약을 하면 아오낭(Ao Nang)에서 100B에 갈 수 있다. (운행시간: 06시~18시)
* 예약번호 : 082-4682426/099-28244724

도착 출구를 나오면 택시와 밴Van 티켓을 파는 곳이 보인다. 짐이 많거나 단체 여행객의 경우에는 택시나 밴을 이용하는 게 편리하다. 티켓을 받고 공항을 나오면 택시, 미니밴 정류소가 보인다. 표를 보여주고 탑승하면 된다.

택시나 밴Van은 숙소로 바로 이동하기 때문에 시간이 적게 걸리지만, 합승하는 밴Van은 다른 여행자 숙소에서도 정차하기 때문에 시간이 걸린다. 숙소를 지나가도 다시 말하면 돌아가서 숙소 앞에 세워주니 꼭 미안해하지 말고 말을 하자.

| 목적지 | 요금(B/1인) | |
| --- | --- | --- |
| | 택시 | 미니밴 |
| 끄라비 타운, 피피 섬 선착장 | 350 | 600 |
| 아오낭 비치, 라일라이 선착장 | 600 | 1,050 |
| 클롱 무앙 | 2,300 | 2,800 |
| 빠통(푸켓) | 3,500 | 4,000 |

# 끄라비 버스 터미널

남부 교통의 요충지답게 끄라비 터미널에서는 방콕Bangkok행 버스부터 수라타니Suratthani행 버스까지 다양한 목적지로 오고 가는 버스 노선이 있다. 끄라비 타운krabi Twon과 좀 떨어져 있어서 택시나 썽태우를 타고 이동해야 한다.

끄라비 버스 터미널에 도착하면 끄라비 타운krabi Twon~아오낭Ao Nang 비치까지 가는 썽태우를 타면 된다. 터미널 내에 있으니 찾기 쉽고, 자주 있다. 요금은 끄라비 타운krabi Twon까지는 30밧, 아오낭Ao Nang 비치까지는 50밧이고, 18시부터 22시까지는 60밧이다.

## 시외버스 IN

끄라비는 휴양지로도 유명하지만, 태국 남부나 말레이시아Malaysia를 육로로 가려는 사람들의 중간 거점도시여서 다양한 버스 노선이 있다. 끄라비Krabi와 가까운 푸켓Phuket에서도 버스 편이 있다.

최근에는 저가 항공이 워낙 저렴해져서 버스보다는 비행기를 타고 이동을 많이 한다. 방콕 남부 버스터미널(Sai Tai Ma)이나 모칫Mochit 터미널에서 끄라비까지 운행하는 버스가 있다. 시간은 12시간 정도 걸린다. 가격은 버스 등급에 따라 다르다.

| 출발지 | 종류 | 운행시간 | 요금(B) | 정류장 |
|---|---|---|---|---|
| 방콕 | 1등석 | 07:00 / 17:30 / 19:00(vip) /17:30 / 20:00 /20:40 | 637~938 | Sai Tai Ma |
| | 1등석 | 17:45 | 637 | Mochit |
| 푸켓 | 버스 | 04:50 ~19:00(14편 운행) | 140 | 푸켓 2터미널 |
| | 미니밴 | 06:35 ~ 17.55(40분 간격으로 운행) | 140 | 푸켓 1터미널 |

**인터넷 예약**

▶ http://www.thaiticketmajor.com
▶ https://www.busonlineticket.co.th

## 끄라비(Krabi) 출발 버스

| 도착지 | 운행시간 | 요금(B) | 정류장 |
|---|---|---|---|
| 방콕 | 17:30 | 862 | 정부 버스 |
| | 16:00 / 17:00 / 16:00 | 554~587 | |
| | 08:20/17:00 | 637~938 | Lignite Tour |
| 푸켓 | 06:00~17:20 | 140 | |
| 뜨랑 | 06:00~17:00 | 100 | |

## 인터넷 예약

▶ http://www.thaiticketmajor.com

▶ https://www.busonlineticket.co.th

## 보트 IN

끄라비krabi는 해상 교통이 잘 발달 되어 있어서 피피 섬Phi Phi Island이나 꼬 란타Ko Lanta에서 보트를 타고 도착할 수 있다. 푸켓Phuket에서 피피섬Phi Phi Island을 들려서 끄라비krabi에 갈 수도 있지만, 시간이나 비용을 생각하면 추천하지는 않는다.

피피 섬Phi Phi Island에서 끄라비Krabi행 보트를 예약할 때 크롱 찌랏 선착장Khlong Jirad Pier에서 숙소나 시내까지 픽업 서비스가 포함된 보트를 예약해야 한다. 그렇지 않으면 선착장에서 시내로 가는 썽태우 요금을 내고 이용해야 한다.

**크롱 찌랏 선착장(Khlong Jirad Pier)**

▶ 주소 : Tha–Ruea, Klong Jilad Road, Tambon Saithai, Muang Krabi

▶ 전화 : +66 75 620 052

▶ 홈페이지 : https://www.thailandferrybooking.com

**피피 섬(Phi Phi Island) ➡ 끄라비(Krabi)**

| 출발 | 도착 | 요금(B) | |
|---|---|---|---|
| | | 성인 | 어린이 |
| 09:30 | 11:00 | 450 | 350 |
| 10:30 | 12:30 | | |
| 13:30 | 15:30 | | |
| 15:30 | 17:30 | | |

**꼬 란타(Ko Lanta) ➡ 끄라비(Krabi)**

| 출발 | 도착 | 요금(B) | |
|---|---|---|---|
| | | 성인 | 어린이 |
| 11:00 | 13:00 | 450 | 350 |

# 푸켓(Phuket) 국제 공항 미리보기

성수기 때는 항상 사람으로 붐비는 푸켓(Phuket) 공항 모습

공항을 지키는 사람들의 모습

숙소까지 이동하는 교통수단을 선택하여 표를 끊으면 된다.

인포메이션 센터에서 정보를 얻을 수 있다.

보트를 선택하거나 숙박을 구하려면 공항에서 문의하거나 예약하면 된다.

푸켓(Phuket) 공항에 내리면 한꺼번에 사람들이 몰리기 때문에 상당히 복잡하다.

봉고차는 10명 정도의 승객을 모아 이동한다.

---

**태국 공항 입국할 때 주의 사항**

1. 여권이 훼손된 경우 위·변조된 여권으로 보아 태국 입국이 거부됩니다. 예를 들어 어린 자녀와 같이 태국으로 가족 여행을 오는 경우 자녀에게 여권을 맡겼다가 여권이 찢어져 안타깝게 입국이 거부된 사례도 있었다.
2. 태국은 1981년 양국 간 사증 면제 협정 체결로 한국인은 관광을 목적으로 하면 한해서만 비자 없이 90일간 태국에 체류할 수 있다.
3. 태국 입국 시 담배는 1인 1보루까지만 허용된다. 위반 시 1보루당 150 달러$ 정도의 벌금을 부과한다.

# 끄라비(Krabi) 공항 미리보기

끄라비(Krabi) 공항은 다른 공항에 비해 덜 붐비고, 한적하다.

끄라비(Krabi) 주변 관광지 투어 상품을 예약하고, 심 카드(Sim Card)를 구매할 수 있다.

승객들이 티켓팅과 짐을 보내고 있다.

짐 보관 서비스가 가능해서 환승 시 끄라비Krabi 시내를 둘러 보고 오기 편하다.

비행기를 타기 위해 승객들이 대기하고 있다.

항공사 전용 버스로 비행기 탑승을 위해 이동하고 있다.

# 주요 항공사 끄라비 운항 정보

현재 끄라비Krabi는 대한민국에서 직항편이 없다. 방콕Bangkok이나 치앙마이Chiang Mai에서 경유를 해야 입국할 수 있다. 방콕 돈므앙 공항(DMK)에서 하루 10편의 항공이 운항하고, 방콕 쑤완나폼 공항(BKK)에서는 하루 8편이 매일 운항한다. 치앙마이Chiang Mai 공항(CNX)에서는 하루 2편이 운행하고 있다.

## 방콕(Bangkok) 출발

| 출발지 | 항공사 | 편명 | 출발 | 도착 |
|---|---|---|---|---|
| 돈므 앙 공항(DMK) | 타이 라이언 항공 | SL800 | 06:45 | 07:55 |
| 쑤완나폼 공항(BKK) | 타이 비엣젯항공 | VZ340 | 07:10 | 08:35 |
| 쑤완나폼 공항(BKK) | 타이 에어웨이 | TG241 | 08:00 | 09:20 |
| 돈므앙 공항(DMK) | 타이 라이언 항공 | SL802 | 08:25 | 09:50 |
| 돈므앙 공항(DMK) | 타이 에어아시아 | FD3229 | 08:55 | 10:20 |
| 쑤완나폼 공항(BKK) | 방콕 에어웨이 | PG261 | 09:25 | 10:50 |
| 돈므앙 공항(DMK) | 타이 에어웨이 | FD3225 | 09:35 | 11:00 |
| 돈므앙 공항(DMK) | 녹 에어 | DD7910 | 09:55 | 11:20 |
| 돈므앙 공항(DMK) | 타이 라이언 에어 | SL806 | 11:15 | 12:30 |
| 쑤완나폼 공항(BKK) | 방콕 에어웨이 | PG267 | 12:40 | 14:05 |
| 돈므앙 공항(DMK) | 타이 에어아시아 | FD3223 | 13:50 | 15:15 |
| 쑤완나폼 공항(BKK) | 타이 스마일 | WE245 | 14:50 | 16:10 |
| 돈므앙 공항(DMK) | 타이 라이언 에어 | SL812 | 15:25 | 16:50 |
| 돈므앙 공항(DMK) | 타이 에어 아시아 | FD3221 | 17:00 | 18:15 |
| 쑤완나폼 공항(BKK) | 타이 에어 웨이 | TG249 | 17:15 | 18:35 |
| 쑤완나폼 공항(BKK) | 방콕 에어 웨이 | PG263 | 17:45 | 19:10 |
| 쑤완나폼 공항(BKK) | 타이 비엣젯 에어 | VZ344 | 20:50 | 22:15 |
| 돈므앙 공항(DMK) | 타이 에어아시아 | FD3215 | 22:10 | 23:40 |

## 치앙마이(Chiang Mai) 출발

| 출발지 | 항공사 | 편명 | 출발 | 도착 |
|---|---|---|---|---|
| 치앙마이 공항(CNX) | 타이 에어아시아 | FD3070 | 06:35 | 08:30 |
| 치앙마이 공항(CNX) | 방콕 에어웨이 | PG246 | 12:00 | 13:55 |

싱가포르Singapore, 쿠알라룸푸르Kuala Lumpur, 홍콩Hong Kong에서도 경유 항공노선이 있다.

# 시내 교통 / 버스, 뚝뚝

끄라비Krabi에서 주로 많이 사용하는 교통수단은 버스처럼 일정한 노선을 운행하는 썽태우이고, 때에 따라서 오토바이 택시도 이용한다.

**썽태우**

**장점 |** 1. 저렴한 요금. (버스 터미널–〉끄라비 타운 :30B)
　　　 2. 현지인의 생활을 엿볼 수 있다.
　　　 3. 노선 중간에 어디서나 타고, 내릴 수 있다.

**단점 |** 1. 에어컨이 안 나와서 덥다.
　　　 2. 시간이 일정하지 않다.

**썽태우 노선 |** 1. 버스 터미널 ➔ 끄라비 타운Krabi Twon ➔ 아오낭Ao Nang
　　　　　 2. 끄라비 타운Krabi Twon ➔버스 터미널 ➔ 왓 탐 쓰아 입구
　　　　　 ➔ 빅씨 마트Bic C Mart ➔ 테스코Tesco ➔ 끄라비Krabi 공항

**요금 |** 버스 터미널 ➔ 끄라비 타운Krabi Twon(30B), 끄라비 타운Krabi Twon
　　 ➔ 아오낭Ao Nang (50B), 끄라비 타운Krabi Twon –〉끄라비Krabi 공항(100B)

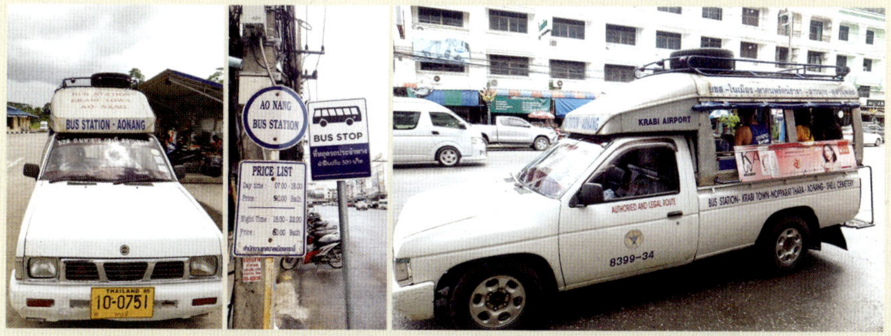


---

**Tip**

– 짐이 많다고 걱정하지 마라. 지붕에 충분한 공간이 있다.
– 내리고 싶다면 안에 있는 벨을 찾아 눌러라.
– 여행사 픽업트럭과 헷갈리지 마래(썽태우는 노선이 표시되어 있다.)

## 택시(Taxi)

끄라비Krabi에서는 택시를 다른 관광지에 비해 찾기가 힘들다. 주로 공항, 버스 터미널, 아오낭Ao Nang 비치 해변에서 볼 수만 있다. 택시를 타고 싶다면 호텔 콜 서비스나, 여행사에 예약하는 게 좋다. 택시는 단거리 승객보다는 1일 관광이나, 장거리 관광지를 더 선호한다.

**요금** | 끄라비 타운Krabi Twon ➔ 아오낭Ao Nang 비치(500B), 끄라비 타운Krabi Twon ➔ 공항( 350B)

> **Tip** 믿을만한 뚝뚝 기사를 만난다면, 전화번호를 물어보고, 다음 이용 때 이용하는 것이 좋다.

## 오토바이 / 택시

오토바이 택시는 혼자 여행하는 경우 목적지에 가장 저렴하고, 빠르게 이동할 수 있는 교통수단이다. 출발하기 전에 가격을 흥정하고, 꼭 헬멧을 착용해야 한다. 헬멧을 가지고 있지 않으면 다른 오토바이 택시를 타는 게 좋다. 가끔 사고 소식이 들린다.

> **Tip** 목적지의 정확한 주소나 구글맵으로 확인시켜주는 게 좋다. 가끔 엉뚱한 방향으로 가기도 한다.

# 끄라비(Krabi) 역사 벽화 거리

끄라비 타운Krabi Twon에 있는 유명한 팩업 호스텔Pak up Hostel을 지나, 끄라비 시민회관으로 가는 언덕에 있다. 끄라비Krabi와 크롱 탐khlong thom의 역사에 대한 설명으로 채워진 벽화가 후문에서부터 정문까지 걸려있다.

기원전 3,000~3,200년 전에 농사를 짓고, 가축을 기르기 위해 서쪽 해안에 정착했고, 항구를 만들어서 인도, 중동, 로마와 무역을 하며 교류를 했으며, 불교와 다양한 종교를 받아들여서, 다양한 문화를 꽃피웠다는, 내용을 청동 벽화로 이해하기 쉽게 전시해 놓았다. 벽화 거리에는 화요일에 야시장이 펼쳐지니, 야시장에서 다양한 먹거리를 먹으면서, 가볍게 둘러보는 것을 추천한다.

주소_ Pak Nam, Mueang Krabi District, Krabi

# 택시(Taxi VS) 그랩(Grab)

태국의 공항에 도착하면 어떻게 숙소까지 이동할 것인지 고민스럽다. 방콕이나 치앙마이와 같이 공항에서 이동수단이 발달되어 있는 도시도 있지만, 그렇지 않은 작은 도시는 짐이 많으면, 택시를 타고 숙소로 이동하는 게 편하다. 끄라비Krabi도 마찬가지여서 30분 정도 택시를 타고 이동해야 하는데 태국 택시에 대해 좋지 않은 이야기를 많이 들었기 때문에 고민스러워한다.

이에 요즈음 공항에서 차량공유서비스인 그랩Grab을 이용해 숙소로 이동하는 경우 조금씩 늘어나고 있다. 상대적으로 바가지요금을 내지 않아도 되는 특성상 고민할 것 없이 타고 이동하면 되는데, 어떻게 그랩Grab을 이용할지에 대해 걱정하는 여행자가 있다. 특히 나이가 40대를 넘어 새로운 애플리케이션 서비스를 막연하게 어려워하는 경우가 많다.

## 택시

여행자들에게 바가지가 심한 태국에서 택시 탑승을 하면, 기분이 썩 유쾌하지 않은 것이 현실이다. 첫 기분을 좌우하는 택시와의 만남이 나쁘면 태국에 온 것을 후회하게 만들기도 한다. 하지만 끄라비Krabi는 방콕이나 치앙마이에 비하면 택시는 비교적 양호한 편이다.

물론 끄라비에도 당연히 바가지 씌우는 택시가 있지만, 대부분 목적지가 정찰제로 이루어져 있어서 딱히 흥정할 필요가 없다. 방콕이나 치앙마이에서는 미터기를 켜지 않고 운행한 후에 많은 금액을 요구하거나, 운행하는 길에 문제가 생겨서 돌아가거나 하면서 여행자들에게 바가지를 씌우는 일도 있으니 조심하자. 택시기사들은 여행자에게 양심적이고 친절하게 다가가, 택시에 대한 안 좋은 인상을 없애고 싶어 하지만 당분간 없어질 일은 아니다.

## 그랩(Grab)

차량 공유서비스인 그랩Grab을 이용할 때에 애플리케이션으로 차량을 불러서 확인하고 만나야 한다. 그랩Grab은 일반 공항 내의 주차장을 사용하지 못한다. 그래서 그랩이 주차를 할 수 있는 위치로 이동해야 한다. 대부분 공항의 주차장 내에 그랩Grab 기사와 만나는 위치가 있다.

## 그랩 사용방법

1. 스마트폰에 애플리케이션을 설치하고 인증을 해야 한다.
2. 태국에서 그랩Grab 애플리케이션을 실행하면, 태국 위치를 자동으로 인식해서 실행되므로 문제없이 사용할 수 있다. (대한민국에서 실행하면 안 된다고 걱정할 필요가 없다. 그랩Grab은 동남아시아에서 사용할 수 있어서 한국에서는 실행이 안 돼서 "Sorry, Grab is not available in this region"이라는 문구가 뜨기 때문에 걱정하지만, 한국에서는 사용이 안 된다는 것을 알아야 한다.)
3. 출발, 도착지점을 정해야 한다. 출발지는 현재 있는 위치가 자동으로 표시되므로 출발지 아래의 도착지만 지명을 정확하게 입력하면 된다.
   숙소 이름을 미리 확인하여 영어로 입력하면 되므로 위치는 확인하지 않아도 된다. 영어철자를 입력하면 도착지에 대한 검색을 할 수 있는 창이 나타나면서 자신의 숙소를 확인하고 터치를 하면 된다.
4. 1~5분 사이에 도착할 수 있는 차량이 보이므로 선택하면 차량번호, 기사 이름 등이 표시되고, 전화하거나 메시지를 나눌 수 있다. 대부분 메시지를 통해 확인할 수 있다. 정확한 위치를 모르겠으면, 기다리는 곳 사진을 찍어서 보내면 된다. 영어로 대화를 나눈다고 걱정할 필요가 없다. 한글로 표시가 되기 때문이다.

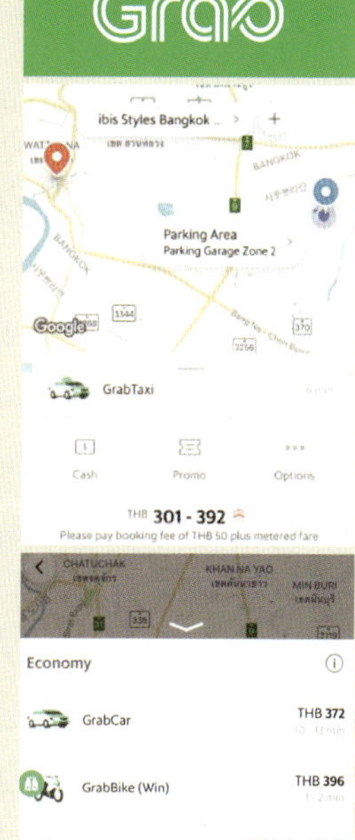



**끄라비(Krabi)에서 그랩사용**

끄라비가 그리 크지 않은 지역이고, 끄라비 타운(Krabi Twon)이나 아오낭(Ao Nang) 비치쪽 숙소에 머물면 시내는 충분히 걸어갈 수 있어서, 유명 관광지 몇 군데 말고는 딱히 택시나 그랩(Grab)을 이용할 필요가 없는 거 같다. 그랩(Grab) 보다는 저렴한 썽태우 이용을 많이 하는 편이다. 그랩(Grab)이 요금은 택시와 비슷하게 책정되어 있지만, 그랩(Grab) 요금이 비쌀 때도 있다. 물론 택시비 가지고 실랑이를 안 해도 되고, 택시 잡기에도 힘든 곳에 숙소가 있으면 편리한 점도 있다. 현재 끄라비에서 그랩(Grab)은 프로모션 기간이나 쿠폰이 있을 때 이용을 많이 한다.

## 끄라비 이해하기

끄라비는 아오낭에서 여행이 시작된다고 생각하면 된다. 아오낭 비치를 중심으로 내륙으로 들어가도록 중심도로가 길게 나있고 오른쪽으로 비치를 돌아 "ㄷ"자 도로가 만들어져 있다. 아오낭 비치 근처에는 마사지 가게들과 레스토랑, 기념품 가게들이 늘어서 있다.

매일 밤 12시까지는 영업을 하기 때문에 우리나라와 다른 느낌을 받지 못한다. 불야성을 이루는 비치 근처와는 다르게 내륙으로 들어오는 도로들은 10시만 넘어도 조용해진다. 조용하게 지낼지, 밤 문화를 즐길지에 따라 숙소의 위치를 정하면 된다.

끄라비라는 이름은 원숭이의 상징에서 왔기 때문인지 버스정류장 같은 곳에는 원숭이가 같이 표시가 되어 처음 오는 관광객들은 의문을 가지게 된다. 내륙으로 도로를 따라 들어갈수록 석회암으로 이루어진 산들이 보이는데 기암괴석들이 아름다워 아오낭의 고급 숙소들은 내부로 들어와 건축되고 있다.

아오낭 비치의 왼쪽으로는 고급스런 레스토랑들과 마사지가게들이 조용한 분위기를 연출하여 연인들끼리 방문하기에 좋다. 왼쪽의 레스토랑이 시작되는 지점은 아오낭 선착장을 지나면 시작된다. 아오낭 선착장은 라일레이 비치를 갈 때 주로 이용하게 된다.

아오낭에는 대부분, 슈퍼는 없고 편의점만 있어서 먹거리가 싸지는 않다. 내륙으로 가는 장소에는 다행히 테스코가 있어서 한꺼번에 먹거리를 구입해서 이용하면 저렴하다. 테스코는 상당히 크기 때문에 우리나라에서의 쇼핑과 다를바가 없으니 잘 활용하자.
아오낭을 다닐때는 대부분 도보로 다니고 너무 더운 낮시간에는 송태우를 타면 편리하다. 엑티비티는 투어를 활용하면 숙소까지 오기 때문에 어려움없이 즐길 수 있다.
맥도날드 햄버거가게와 스타벅스 커피도 있지만 태국 물가에 비해서는 상당히 비싼 편이다. 다만 낮시간에 너무 더울 때는 시원한 커피를 마시면서 쉬는 것도 좋은 방법이다.

태국 끄라비에서 신용카드는 사용이 가능하지만 잘 사용하지 않는다. 다들 신용카드 복제와 같은 문제를 걱정한다. 도로를 걸어다니면 많은 ATM이 있어 시간에 관계없이 돈을 인출할 수 있다. 또한 이동하는 환전소도 있어 달러를 가지고 있다면 쉽게 환전이 가능하다. 신용카드 사용이 불안하다면 테스코 앞에도 ATM 사용이 가능하니 테스코 앞에서 이용하자.

메인도로를 따라 가다보면 카페와 레스토랑, 야시장 등이 열리기 때문에 여행자들은 사전에 미리 현금을 준비해 두자. 숙박은 호텔 35~150달러($) 정도, 게스트하우스의 도미토리는 15달러($)부터 시작하기 때문에 대부분은 YHA를 이용하는데 시설은 좋지 않다.
간단한 노점에서 볶음밥은 50B부터 시작해 고급 레스토랑은 1,500B까지 다양하니 자신이 원하는 레스토랑이나 노점에서 이용하면 된다. 오히려 맥도날드나 스타벅스가 우리나라의 가격과 거의 비슷하니 가격이 매우 비싸다고 느껴질 수가 있어 가격을 확인하고 한 끼 식사를 하는 것이 좋다.

엑티비티를 즐기는 투어들은 600B부터 1,800B까지 다양하게 있어서 본인이 원하는 엑티비를 하면 된다. 메인도로 양쪽으로 투어를 예약할 수 있다. 여러 곳을 다녀보고 선택하도록 하는데 롱테일 보트는 불편하기 때문에 비용이 비싸더라도 스피드 보트를 이용한 엑티비티 상품을 이용하는 것이 좋다.

아마리 보그 리조트
앤야위 텁깩 비치 리조트
텁깩 부티크 리조트
텁깩 선셋 비치 리조트
카오 항 락
텁깩 비치
반 텁깩
타이항공
마린타임 파크
소피텔 포키트라 끄라비
왓 파누랏
끄라비 병원
끄라비 타운
끄라비 샌즈 리조트
짜오파 선착장
끌롱무앙 비치
시청
꼬 꽝 리조트
끄라비 항
나카만다 리조트
반 끌롱무앙
크롱 낄랏 선착장
꼬 팍비아
쉐라톤 끄라비 비치 리조트
반 끌롱헤양
제이투비 리조트
토파랏 타라 국립공원
반 포
노파랏 타라 선착장
프라이빗 비치 리조트
끄라비 리조트
노파랏 타라 비치
비치 테라스 호텔
아오낭 클리프 비치
반 남아오
아요다야 스위트 리조트
보그 리조트
끄라비 석세스 비치 리조트
트로피컬 허벌 리조트
팁 레지던스
쌀라 탈라이 리조트
끄라비 트로피컬 베이 리조트
쌀라 타이
클리프 아오낭 리조트
반 아오 낭 리조트
끄라비 헤리티지 호텔
안다만 선셋
아오낭센터 포인트
라스트 카페
아오낭 비치 리조트
끄라비 헤리티지 호텔
골든 비치 리조트
아오낭 빌라
센트라 그랜드 비치 리조트
다이아몬드 케이브 리조트
똔싸이 베이 리조트
라일레이 프린세스 리조트
라일레이 빌리지 리조트
샌드 씨 리조트
안야위 라일레이 리조트
더 프린세스 레지던스
라일레이 베이 리조트
야야 리조트
웨스트 라일레이
라야와디 리조트
썬라이즈 트로피컬 리조트
이스트 라일레이
뷰 포인트
라일레이

# 끄라비 여행을 계획하는 5가지 핵심 포인트

끄라비Krabi는 의외로 여행을 계획하기 쉽지 않다. 시내를 둘러봐도 작은 규모의 도시라 어디를 가야 할지 모르겠다. 숙소에 물어보니 역사 유적지는 시내에서 떨어져 있다는 답변에 "그럼 어디를 가야 하나?"는 물음에는 투어를 소개하는 팸플릿을 내민다. "어떤 것이 좋을까요?"라는 질문에 "다 좋다"라는 답만 온다. 어떻게 끄라비를 여행해야 하는 걸까?

끄라비krabi는 천혜의 자연환경을 가지고 있어서 외국 여행자들에게는 휴양지로 많이 알려진 곳이다. 우리나라에서는 잘 알려지지 않아서, 짧은 일정으로 방문했다가 돌아갈 때는, 못 가본 곳이 너무 많아서 후회하는 곳이기도 하다. 섬 투어를 비롯한 다양한 엑티비티가 있지만, 시간이 없는 여행객들은 체험을 못 하고, 그저 사진만 찍고 가야만 한다. 시간이 넉넉하지 않다면 꼭 필요한 핵심 관광만 하고 가는 것도 좋은 방법이다.


## 1. 시내 관광, 쇼핑

끄라비Krabi 관광은 크게 끄라비 타운Krabi Twon, 아오낭Ao Nang으로 나눌 수 있다. 끄라비 타운Krabi Twon은 교통편, 쇼핑센터, 숙소가 다양하게 몰려 있는 곳이다. 휴양 시설은 대부분 근처 섬에 있으므로 조용하고 한적하다. 번잡스러운 분위기를 꺼린다면 좋은 선택이 될 수 있다. 타운 중심가에 보그 쇼핑센터Vogue Shopping Center를 비롯한 마트가 있어서 생활하는 데 불편함이 없다. 썽태우를 타고 15분을 가면, 테스코Tesco, 빅씨 마트Bic C Mart가 있어서 장기간 머무를 때 필요한 물건을 구매하기에도 불편함이 없다.

아오낭Ao Nang은 끄라비 타운Krabi Twon에서 20분쯤 떨어진 곳에 있는 끄라비Krabi의 주요 관광지이다. 세계 각국의 요리를 비롯해 다양한 쇼핑센터가 관광객들의 발걸음을 멈추게 한다. 아오낭Ao Nang 들어오는 길에 테스코Tesco도 있어서, 생활필수품을 저렴하게 구매할 수 있다.

## 2. 아오낭(Ao Nang) 비치, 라일레이(Railay) 비치 즐기기

대부분 숙소는 해변과 가까운 곳에 있어서 해변을 즐기기에 좋다. 아오낭<sup>Ao Nang</sup> 비치는 코코넛 나무가 선사하는 시원한 그늘에서 달콤한 휴식을 취할 수 있다. 기암괴석을 바라다 보이는 곳에서 수영하기에 딱 좋은 물 온도를 가지고 있다. 또한, 근처 로컬 식당과 바, 카페 등이 많이 있어서 휴식하기에 그만인 곳이다.

라일레이<sup>Railay</sup> 비치는 섬은 아니지만, 육로로 이동하는 교통수단이 없어서 끄라비 타운<sup>Krabi Twon</sup>에서나 아오낭<sup>Ao Nang</sup>에서 배를 타고 들어가야 한다. 롱 테일 보트가 수시로 운행을 해서 쉽게 접근 가능한 곳이다. 해변에 예쁜 카페도 있고, 해변이 보이는 곳에서 식사할 수 있는 레스토랑도 있어서 휴양으로 머물기에는 좋은 곳이다. 시간이 여유로운 여행객들은 끄라비 타운 마트에서 필요한 물품을 구매해서 장기간 머물기도 하는 곳이다.

## 3. 섬 투어

끄라비<sup>Krabi</sup>가 접해 있는 안다만 해에는 기암괴석으로 이루어진 멋진 절경의 섬들이 많다. 그래서 유독 섬 투어 상품을 많이 판매한다. 투어는 크게 롱 테일 보트, 스피드 보트 투어로 나뉜다. 롱 테일 보트는 나무로 만들어진 태국 전통 배이다. 시간이 여유롭거나 색다른 경험을 싶다면 타면 에메랄드 색깔의 바다를 보면서 여유롭게 이동하는 것도 나쁘지는 않다. 스피드 보트는 롱 테일 보트에 비해 빠르고, 쾌적하다.

섬 투어로는 인기가 많은 것은, 홍 섬 투어, 4섬 투어, 7섬 투어가 있다. 여행사에 예약하면 아침에 숙소로 픽업을 오고 보트 선착장에서 선택한 보트에 타고 투어를 시작한다. 섬에 도착하면 1시간~2시간 사이의 자유 시간을 주면, 사진을 찍거나 물놀이를 하면 된다. 섬 투어 중간마다 스노클링 하기 좋은 곳에서는 잠시 멈추기도 한다. 물론 각각의 섬들을 개인적으로 방문할 수 있다.

## 4. 역사 유적지

태국은 불교의 나라답게 끄라비Krabi 곳곳에 불교 유적지가 다양하게 분포되어 있다. 끄라비 타운Krabi Twon에도 왓깨우 꼬라와람Wat Kaew Korawararam이 있어서 시간이 남을 때 잠시 둘러보는 것도 좋다. 끄라비 타운에서 20분 거리에 있는 왓 탐 쓰아Wat Tham Seua 도 끄라비에 오면은 꼭 방문해야 하는 유적지이다. 1,237계단을 올라가면 끄라비를 전체적으로 조망할 수 있고, 거대한 불상을 볼 수 있다.

## 5. 주말 야시장

끄라비 타운Krabi Twon에서 금요일 밤부터 일요일까지 열리는 주말 야시장은 끄라비에 오면 꼭 방문해야 하는 곳이다. 시장이 열리는 날이 되면 작은 도시가 현지인과 여행객들로 북적인다. 열대과일부터 팟타이, 해산물 요리를 공연을 보면서 시원한 맥주와 함께 먹을 수 있다. 끄라비 관련 관광 상품도 팔고 있어서 귀국선물을 사기 위해서 방문한다.

# 나의 여행 스타일은?

나의 여행 스타일은 어떠한가? 알아보는 것도 나쁘지 않다. 특히 친구와 연인, 가족끼리의 여행에서도 스타일이 달라서 싸우기도 한다. 여행계획을 미리 세워서 계획대로 여행해야 하는 사람과 무계획이 계획이라고 무작정 여행하는 때도 있다.

무작정 여행한다면 자신의 여행 일정에 맞춰 추천 여행코스를 보고 따라가면서 여행하는 것도 좋은 방법이다. 계획을 세워서 여행해야 한다면 추천 여행코스를 보고 자신의 여행코스를 지도에 표시해 동선을 맞춰보는 것도 좋다. 레스토랑도 시간대에 따라 할인이 되는 예도 있어서 시간대를 적당하게 맞춰야 한다. 하지만 빠듯하게 여행계획을 세우면 틀어지는 것은 어쩔 수 없으니 미리 적당한 여행계획을 세워야 한다.

## 1. 숙박(호텔, YHA)

**잠자리가 편해야(호텔, 아파트)/잠만 잘 건데(호스텔, 게스트하우스)**
다른 것은 다 포기해도 숙소는 편하게 나 혼자 머물러야 한다면 호텔이 가장 좋다. 하지만 여행경비가 부족하거나 다른 사람과 어울린다면 호스텔이 뜻밖에 여행의 재미를 증가시켜 줄 수 있다.

## 2. 레스토랑 VS 길거리 음식

길거리 음식에 대해 심하게 불신한다면 카페나 레스토랑에 가야 할 것이다. 그렇지만 태국은 쌀국수를 거리에서 아침에 일찍 현지인들과 함께 먹는 재미가 있다. 물가가 저렴하여 어떤 음식을 사 먹던지 여행경비에 문제가 발생하는 경우는 없다. 관광객을 상대하는 레스토랑은 위생문제에 까다로운 것은 사실이어서 상대적으로 길거리 음식을 싫어한다면 굳이 사 먹을 필요는 없다.

## 3. 스타일(느긋 VS 빨리)

**휴양지(느긋VS) 〉 도시(적당히 빨리)**
자신이 어떻게 생활하는지 생각한다면 나의 여행 스타일은 어떨지 판단할 수 있다. 물론 여행지마다 다를 수도 있다. 휴양지에서 느긋하게 쉬어야 하지만 도시에서는 아무것도 안 하고 느긋하게만 지낼 수는 없다. 끄라비krabi는 휴양지와 도시 여행이 혼합되어 있어 앞으로 여행자에게 더욱 인기를 끌 것이다.

## 4. 경지(짠돌이 VS 쓰고봄)

**여행지, 여행 기간마다 다름(환경 적응론)**
여행경비를 사전에 준비해서 적당히 써야 하는데 너무 짠돌이 여행을 하면 남는 게 없고, 너무 펑펑 쓰면 돌아가서 여행경비를 채워야 하는 것이 힘들다. 짠돌이 여행 유형은 유적지를 보지 않는 경우가 많지만, 끄라비는 유적지 입장료를 받지 않은 곳도 있으므로 무작정 안 들어가는 행동은 본인에게 손해이다.

## 5. 여행코스(여행 vs 쇼핑)

여행코스는 여행지와 여행 기간마다 다르다. 끄라비krabi는 쇼핑도 할 수 있고, 여행도 할 수 있으며 맛집 탐방도 가능할 정도로 관광지가 멀지 않아서 고민할 필요가 없다.

## 6. 교통수단(택시 vs 뚜벅)

여행지, 여행 기간마다 다르고 자신이 처한 환경에 따라 다르지만, 끄라비krabi는 어디를 가든지 택시나 썽태우로 쉽게 가고 싶은 장소를 갈 수 있다.
끄라비에서 버스를 탈 경우는 공항 이동 시 뿐이다. 끄라비krabi 도시 자체가 크지 않아서 걸어 다니는 것이 대부분이다.

# 끄라비 여행코스


리조트 조식 → 4섬 아일랜드 투어(전날에 투어 신청하면 리조트로 태우러 온다) → 점심 제공 → 오후 4~5시에 아오낭 비치에 도착 → 햇빛에 노출된 피부와 몸을 편안하게 마사지 받기 → 저녁부터 아오낭 비치 로드 둘러보기 → 아오낭 해산물 저녁 식사

리조트 조식 → 에매랄드 풀 투어 → 점심 미제공(사전에 점심을 준비하거나 현지 음식점 이용) → 온천 풀(스프링 풀) → 오후 4~5시에 아오낭 비치에 도착 → 저녁부터 아오낭 비치 시장 둘러보기 → 아오낭 저녁 식사

## 3일

리조트 조식 → 라일라이 암벽 등반(반나절투어나 1일투어 신청 / 초보자는 대부분 반나절 투어를 한다) → 점심은 아오낭 비치의 식당에서 해결 → 햇빛에 노출된 피부와 몸을 편안 하게 마사지 받기 → 저녁에는 아오낭 비치 나이트 라이프 둘러보기

## 4일

리조트 조식 → 홍 섬 아일랜드 투어 → 점심 제공 → 오후 4~5시에 아오낭 비치에 도착 → 저녁부터 아오낭 비치 로드 둘러보기 → 아오낭 해산물 저녁 식사

## 5일

리조트 조식 → 카약킹 보르 투 어 → 점심 제공 → 오후 4~5시 에 아오낭 비치에 도착 → 햇빛 에 노출된 피부와 몸을 편안하 게 마사지 받기 → 저녁에는 끄 라비 타운의 나이트 마켓 둘러 보기(투어로도 운영)

# 나 홀로 여행 족을 위한 여행코스

홀로 여행하는 여행자가 급증하고 있다. 끄라비는 혼자서 여행하기에 좋은 도시이다. 먼저 물가가 저렴하고 유럽의 도시처럼 멀리멀리 가는 코스가 많지 않아서, 여행할 때 물어보지 않고도 충분히 가고 싶은 관광지를 찾아갈 수 있다. 혼자서 마사지나 각종 투어를 홀로 즐겨보는 것도 좋은 코스가 된다.

## 주의 사항

1. 숙소 위치가 가장 중요하다. 밤에 밖에 있다가 숙소로 돌아오기 쉬운 위치가 가장 우선 고려해야 한다. 나 혼자 있는 것을 좋아한다면 호텔로 정해야겠지만, 숙소는 호스텔도 나쁘지 않다. 호스텔에서 새로운 친구를 만나 여행할 수도 있고 가장 좋은 점은, 모르는 여행 정보를 다른 여행자에게 쉽게 물어볼 수 있다는 것이다.
2. 자신의 여행 스타일을 먼저 파악해야 한다. 가고 싶은 관광지를 우선 선정하고 하고 싶은 것과 먹고 싶은 곳을 적어 놓고 지도에 표시하는 것이 중요하다. 지도에 표시하면 자연스럽게 동선이 결정된다. 꼭 원하는 장소를 방문하려면 지도에 표시하는 것이 좋다.
3. 혼자서 날씨가 좋지 않을 때 해변을 가는 것은 추천하지 않는다. 걸으면서 해안을 봐야 하는데 풍경도 보지 못하지만, 의외로 해변에 자신만 걷고 있는 것을 확인할 수도 있다. 돌아오는 길을 잃어서 고생하는 일도 발생할 수 있다.
4. 끄라비의 각종 투어를 홀로 즐기면서 고독을 즐겨보는 것이 좋다. 투어는 시간이 7시간 이상 정도는 미리 확보하는 것이 필요하다. 사전에 숙소에서 투어를 예약하고 출발과 돌아오는 시간을 미리 계획하여 하루 일정을 확인할 것을 추천하다.
5. 쇼핑하고 싶다면 사전에 쇼핑목록을 적어 와서 마지막 날에 몰아서 하거나 날씨가 좋지 않을 때, 숙소로 돌아갈 때 잠깐 쇼핑하는 것이 좋다.

## 3박 5일 여유로운 나 홀로 나트랑 여행

# 여유로운 시내 투어 + 핫 스트림 워터폴<sup>Hot Stream Waterfall</sup> + 끄라비<sup>Krabi</sup>

### 1, 2일 차 여유롭게 핫 스트림 워터폴

끄라비<sup>Krabi</sup>에서 하고 싶은 것을 모두 하고 싶다면 4일은 있어야 가능하다. 방콕 공항에서 새벽에 환승을 하거나, 밤늦게 환승을 해도 끄라비<sup>Krabi</sup>에 도착하면 오후나 새벽이다.

1일 차에는 숙소에서 휴식을 취하는 게 좋다. 2일 차에는 피로를 풀러 핫 스트림 워터폴에 방문해서 따뜻한 온천에서 누적된 피로도 풀고, 자연적으로 만들어진 에메랄드 풀<sup>Emerald Pool</sup>에서 수영하는 것이 좋다.

공항 → 숙소 이동 → 휴식 → (2일 차 시작) 핫 스트림 워터폴 → 에메랄드 풀 & 블루 풀 이동 → 끄라비 시장 방문 → 아오낭 이동 → 마사지 → 저녁 식사 → 저녁 바다 즐기기 → 휴식

### 3일차 4섬 투어 + 아오낭 석양 + 나이트 라이프

3일 차에는 아침에 해가 뜨는 아오낭<sup>Ao Nang</sup> 비치를 보는 것도 힐링이다. 조용한 바다에서 떠오르는 태양은 아름답다. 아침에 여유롭게 하루의 여행을 생각하며 커피를 마시는 것도 바쁜 일상을 벗어나 여행을 즐기는 방법이다. 간단하게 조식을 하고 호텔에 기다리고 있으면 여행사 차량이 픽업을 나온다.

보트를 타고 섬을 돌면서 수영, 스노클링도 하고, 점심 식간에는 아름다운 배경 한가운데서 맛있는 점심을 먹는다. 3시쯤 투어가 끝나고 숙소로 돌아와서 간단한 정비를 한다. 오래간만에 하는 수영이나 스노클링으로 뭉친 근육을 풀어주러 마사지를 받으러 가면 된다. 마사지를 받고 아오낭 비치로 가서 석양을 보면서 여유로운 해변을 즐겨보자. 뜨거운 밤 문화를 즐기고 싶다면 루프 탑 바<sup>Bar</sup>로 가자.

해가 뜨는 바다 바라보기 → 해변 커피숍에서 커피 한 잔의 여유 즐기기 → 4섬 투어 시작 → 숙소 도착 → 마사지 → 해변 석양 보면서 걷기 → 야시장 등의 나이트 라이프

## 4. 5일 차

저녁 비행기를 타고 한국으로 가야 해서 오전엔 호텔 숙소에서 조식을 먹은 다음 수영장을 이용한다. 마시지를 받고 아오낭 왕싸이 시푸드Wangsai Seafood에서 바다가 보이는 해변 테이블에서 점심을 먹고 공항으로 출발을 하면 된다.

**조식 → 호텔 수영장 → 마사지 → 왕싸이 시푸드에서 점심 → 쇼핑 → 공항**

# 자녀와 함께하는 여행코스

자녀와 함께 끄라비 여행을 떠나는 가족 여행지로 급부상하고 있다. 유럽여행에서 아이와 여행을 하다 보면 무리하게 박물관을 많이 방문하는 것은 아이들의 흥미를 반감시키는데 끄라비는 그럴 가능성이 없다.

자녀와 여행을 하면 실패하는 요인은 부모의 욕심으로 자녀가 싫어하는 것이 무엇인지 모르는 것이다. 자녀와의 여행에서 중요한 것은 많이 보는 것이 아니고 즐거운 기억을 남기는 것이라는 사실을 인식해야 한다. 특히 끄라비의 코끼리 트레킹이나 섬 투어는 재미가 있으므로 아이들은 다시 오고 싶은 여행지가 될 가능성이 크다.

## 주의사항

1. 숙소는 끄라비 시내의 호텔로 정하는 것이 이동 거리를 줄이고 원하는 관광지로 쉽게 이동할 수 있다.

2. 비행기로 들어온 첫날 외곽으로 이동하면 아이는 벌써 힘들어한다는 것을 인식하자. 코스는 1일 차에 아오낭 비치에서 모래 놀이를 하면서, 해산물을 먹는 것이 아이들이 가장 좋아하는 코스이다.

3. 2일 차에 외곽으로 이동할 계획을 세우는 것이 좋다. 사전에 유적지 투어를 신청하면 숙소까지 여행사 차량이 오기 때문에 힘들지 않다. 미리 시원한 물과 선크림을 준비해 이동하면서 아이들이 강렬한 햇빛에 노출되어도 아프지 않도록 준비하는 것이 좋다. 온종일 너무 많은 햇빛에 노출되는 것은 좋지 않다.

4. 유적지에서 아이가 걷는 것을 싫어한다면 사전에 물이나 먹거리를 준비해서 먹으면서, 다닐 수 있도록 해주는 것이 아이의 짜증을 줄이는 방법이다. 오전에 일찍 출발하면 중간에 점심까지 먹고 유적을 보면 의외로 시간이 오래 소요된다. 이럴 때 유적지를 그냥 보지 말고 간단하게 설명을 해서 이해를 넓힐 수 있도록 도와주는 것이 앞으로 여행에서도 관심을 증가시킬 수 있다.

5. 돌아오는 날에는 쇼핑하면서 원하는 것을 한꺼번에 구매하는 게 좋다. 공항으로 돌아가는 시간을 잘 확인하는 것이 중요하다. 택시를 이용해 시간을 정확하게 맞추는 것이 좋다.

**1, 2일 차**

끄라비 공항에 오후 늦게나 아침에 도착해 택시나 밴을 타고 숙소로 이동해 휴식을 취한다. 2일 차에는 시내 위주로 둘러보는데 되도록 꽃게 동상에서 시작해 시내 중심으로 이동해 여행하는 코스로 정한다. 꽃게 동상Poo Dam Amazing Sculptures에서 사진을 찍고, 건너편 식당에서 꽃게 요리를 먹는다.

오후에는 햇살이 강하기 때문에 숙소에 들어가서 휴식을 취하거나 마시지를 받으러 간다. 휴식을 취하고 나와서 꽃게 동상Poo Dam Amazing Sculptures 근처 롱테일 선착장에서 카오 카납 남Khao Khanab Nam 보트 투어를 마치고, 왓탐쓰아Wat Tham Seua를 방문한 다음 저녁에는 강변 야시장에서 저녁을 먹고 끄라비 강변 산책을 하고 숙소로 복귀한다.

아이들과 여행이라면 왓탐쓰아는 간단히 사원이랑 호랑이 동굴만 보는 것을 추천한다.

**공항 → 숙소로 이동 → 휴식(1일 차) → (2일 차 시작)꽃게 동상 → 점심 → 카오 카납 남 (Khao Khanab Nam) 보트 투어 → 왓탐쓰아(Wat Tham Seua) → 마사지 → 숙소**

**3일 차**

3일 차에는 홍 섬Hong Island 투어를 하면 된다. 8시 정도에 숙소로 픽업을 오니 미리 준비해야 한다.

홍 섬 투어에서는 수영이나, 스노클링이 가능하므로 수영복이나 아이들 간식을 챙기는 것을 잊지 말자. 파라다이스 섬에서 점심을 간단하게 먹고, 홍 섬에 도착하면 제법 많은 시간이 주어지기 때문에 아이들과 모래 놀이, 수영을 할 수 있다. 너무 깊은 곳으로 가지 않게 주의해야 한다. 해파리에 가끔 물리는 사람도 있으니 꼭 가이드에게 물어보기 바란다.

**숙소 → 홍 섬 투어 → 숙소 도착 후 휴식 → 저녁 → 아오낭 야시장 방문**

## 4, 5일 차

시내 주요 관광지를 둘러 봤다면, 아이들이 좋아하는 코끼리 트렉킹을 하러 가자.
한국에서는 동물원에만 있는 코끼리를 직접 보고, 만지고, 코끼리에게 직접 바나나를 먹이
로 준다. 코끼리 트렉킹을 마치면 코끼리 쇼를 볼 수 있다. 새끼 코끼리가 나와서 온갖 재
롱을 부려서 아이들이 특히 좋아한다. 끄라비 야시장을 들러서 귀국 선물로 좋은 끄라비
특산품을 구매하고, 숙소로 돌아와 공항으로 출발하면 된다.

**해변 휴식 → 코끼리 트레킹 → 코끼리 쇼 → 귀국 선물 구매하기 → 끄라비 공항으로 출발**

# 연인이나 부부가 함께 하는 여행코스

연인이나 부부가 여행을 와서 즐거운 추억을 남기려면 남자는 연인이나 부인이 좋아하는 맛집을 미리 가이드북을 보면서 위치를 확인하는 것이 좋다. 하루에 2번 정도 레스토랑이나 카페를 미리 상의하는 것도 좋은 방법이다. 여행코스는 기억에 남을만한 명소를 같이 가서 추억을 남기는 것이 포인트다.

## 주의 사항

1. 숙소는 아노 낭<sup>Ao Nang</sup> 비치의 호텔로 내부 시설을 미리 확인하는 것이 좋다.
2. 도착 첫날은 숙소로 빠르게 이동하여 쉬고 다음 날부터 여행 일정을 시작하는 것이 좋다. 낮에 도착했다면 시내를 둘러보면서 도심 바로 옆에 있는 해변이나 발 마사지 같은 휴식을 취하는 일정이 좋다. 특히 해변의 일몰 풍경은 같이 보는 것이 중요하다.
3. 끄라비의 대표적인 레스토랑인 왕싸이 시푸드<sup>Wangsai Seafood</sup>는 항상 손님들로 자리가 꽉 차므로, 가려고 한다면 조금 일찍 가는 것이 좋다. 해산물은 레스토랑이 끝나는 시간에 가면 더 저렴하게 많은 해산물을 먹을 수 있다.
4. 여행하다가 길을 잃어버릴 수도 있으니 사전에 구글맵을 사용해 숙소의 위치를 확인해 두는 것이 좋다. 더운 날 길을 혹시라도 잃어버려 헤맨다면 분위기가 좋을 수 없다.
5. 쇼핑할 시간이 필요하다면 식사를 하고 소화를 시키면서 쇼핑을 하는 것이 편하다.
6. 우기에 여행한다면 날씨를 미리 확인해야 한다. 우기에는 소나기성 비인 스콜이 갑자기 내리기 때문에 우산이 없으면 한순간에 비 맞은 생쥐 꼴이 될 것이다.

## 3박 5일 여인, 부부가 함께 즐기는 끄라비 여행

# 여유로운 시내 투어 + 핫 스트림 워터폴<sup>Hot Stream Waterfall</sup> + 끄라비<sup>Krabi</sup>

### 1, 2일 차 왓탐쓰아+에메랄드 풀

오후나 밤늦게 도착하면 택시나 밴을 타고 숙소로 이동해 휴식을 취한다. 2일 차에는 호랑이 동굴 사원으로 유명한 왓탐쓰아로 이동해 사원을 구경한다. 계단이 많고 가는 길이 힘들 수 있느니 연인이나 부인에게 의사를 물어본다. 올라가다 첫날부터 인상 쓰면, 좋지 않으니 말이다. 사원을 보고 난 후 점심을 먹고 에메랄드 풀에서 여행의 피로를 풀 듯이 가볍게 수영을 하는 것이 좋다.

공항 → 숙소 이동 → 휴식(1일 차) → (2일 차 시작) 왓탐쓰아 이동 → 점심 → 에메랄드 풀 → 블루 풀 → 시내로 이동 → 마사지 → 석양 구경 → 저녁 식사 –) 휴식

### 3일 차 7섬 투어

3일 차에는 끄라비 여행의 하이라이트인 섬 투어를 하면 된다. 섬 투어는 중간에 수영과 스노클링을 하므로 미리 수영복, 선크림, 스노클을 준비해 가는 게 좋다. 섬 투어는 점심부터 시작해서 8시쯤 끝난다. 섬 투어가 끝나면 준비해주는 뷔페를 먹으면서 즉석 불 쇼를 구경한다. 섬 투어가 끝나면 숙소에 들어와서 간단히 휴식을 취한 다음 마시지를 받으러 간다. 시간이 넉넉하다면 뜨거운 밤 문화를 즐기러 해변 근처 바<sup>bar</sup>로 가자.

숙소 → 호텔 수영장 → 섬 투어 → 마사지 → 야시장 등의 나이트 라이프

## 4, 5일 차

섬 투어를 하고 난 다음에는 시내 관광지를 둘러 봐야 한다. 끄라비 타운에 가서 왓깨우 꼬라와람Wat Kaew Korawararam도 보고 꽃게 동상Poo Dam Amazing Sculptures있는 곳에서 기념 촬영을 하고, 건너편 식당에서 맛있는 게 요리를 먹는다. 시간이 남는다면 카오 카납 남Khao Khanab Nam을 롱테일 보트를 타고 다녀와도 된다. 오후에는 테스코Tesco에서 쇼핑을 하면서 햇빛을 피하는 것이 좋다. 저녁에는 시내의 맛집에서 식사를 마치고 끄라비 공항으로 이동하자.

왓깨우 꼬라와람 → 꽃게 동상 → 점심 → 카오 카납 남(Khao Khanab Nam) → 테스코(Tesco)에서 쇼핑 → 저녁 식사 → 끄라비 공항

# 친구와 함께하는 여행코스

친구와 여행하는 것은 평소에 못 해보는 경험을 하기 위한 것이다. 날씨가 좋다면 해변에서 해양스포츠를 하면서 풍경을 보고 이야기 나누는 것을 추천한다. 또한, 힘들게 운동을 하고 나서 같이 발 마사지 등을 받으며 피로도 풀고 추억도 만들 수 있다.

## 주의 사항

1. 숙소는 시내로 정해 위치를 확인하는 것이 좋고 호스텔도 나쁘지 않다.
2. 친구와 가고 싶은 곳을 서로 이야기하고 공유하고 같이하고 싶은 곳과 방문하고 싶은 곳이 일치하는 곳을 위주로 코스를 계획하고 서로 꼭 원하는 장소를 중간에 방문하는 것이 좋다.
3. 여자끼리 여행이라면 해변을 걸으면서 풍경을 보고 이야기하는 것을 추천한다. 날씨가 좋으면 풍경이 아름다운 해변에서 카약도 하면서 좋은 추억을 남길 수 있다.
4. 마시지를 즐겨보는 것이 좋다. 발 마사지는 가장 쉽게 받을 수 있는 마사지이고 타이 마사나 발 마사지는 1시간 정도는 미리 확보하는 것이 충분히 마사지를 즐기는 방법이며 사전에 마사지 가게를 돌아보면서 가격을 흥정하면서 청결한지를 같이 확인하는 것이 좋다.
5. 쇼핑은 인근에 테스코Tesco나 빅씨마트Bic C Mart를 비롯한 다양한 마트가 있다. 폐장하기 1시간 전에 들어가서 할인이 되는 제품이 있을 수 있으니 확인하고 쇼핑하는 것이 좋다. 태국 말린 망고나 소스 등 한국인이 많이 구매하는 제품을 구매하면 된다.

### 1, 2일 차

1일 차에 끄라비에 입국 심사를 마치고 나면 택시나 밴을 타고 숙소로 향한다. 오전에는 아오낭 비치에서 해변을 즐기고 오후에는 핫 스트림 워터폴에서 온천에서 피로를 푼다. 투어 회사에 들러 다음날 스쿠버 다이빙이나 카약을 신청한다. 저녁에는 여행자 거리의 유명한 레스토랑에서 저녁 식사를 하고 나이트 라이프를 즐기며 하루를 마무리한다.

공항 → 숙소 → 휴식(1일 차) → 해변 즐기기 → 핫 스트림 워터폴 → 저녁 식사 → 나이트 라이프

### 3일 차

엑티비티는 아침 7~8시 사이에 여행사에서 숙소로 픽업을 온다. 투어 참가자가 모이면 이동해서 엑티비티를 한다. 스쿠버 다이빙은 아오낭 근처 선착장으로 이동해서 출발한다. 햇빛에 노출되기 때문에 선크림을 바르고, 아침을 든든하게 먹는 것이 좋다. 스쿠버 다이빙이 끝나고 아오낭에 도착해서 마시지를 받자. 숙소에 와서 휴식을 취한 후 여행자 거리의 맛집을 찾아 저녁 식사를 하고, 야시장을 둘러보며 쇼핑을 해보자.

아침 식사 → 엑티비티 장소로 이동 → 엑티비티 즐기기(~15시) → 휴식 → 저녁 식사 → 야시장이나 쇼핑

## 4, 5일 차 4섬 투어

간단하게 조식을 하고 호텔에 기다리고 있으면 여행사 차량이 픽업을 나온다. 보트를 타고 섬을 돌면서 수영, 스노클링도 하고, 점심에는 아름다운 바다와 기암괴석이 보이는 한가운데서 맛있는 점심을 먹는다. 3시쯤 투어가 끝나고 숙소로 돌아와서 간단한 정비를 하면 좋다. 오래간만에 하는 수영이나 스노클링으로 뭉친 근육을 풀어주러 마사지를 받으러 가면 된다. 마사지를 받고 나서 쇼핑을 하면서 여행을 마무리한다. 비행기 출발 1시간 30분 정도에 도착해도 출국 심사에 문제가 발생하지 않는다.

픽업 후 이동 → 4섬 투어(수영, 스노클링, 점심, 해변 산책) → 마사지 → 저녁 식사 → 쇼핑 → 공항

# 부모와 함께 하는 효도 여행코스

부모님과 함께하는 끄라비 여행도 미리 고려해야 할 것을 생각하고 있으면 좋은 여행이 될 것이다. 부모님과 여행을 하려면 무리하게 볼 것을 코스에 많이 넣기보다, 인상적인 관광지 등을 방문하는 것이 흥미를 유발한다. 옛 분위기를 연출하는 끄라비의 길거리, 쌀국수, 분위기가 있는 레스토랑에서 먹는 해산물은 부모님께서 좋아하신다.

부모님과 여행하면서 주의해야 할 점은, 너무 많이 걸으면 피곤해하시기 때문에 동선을 줄여 피곤함을 줄이고 여행의 중간중간 마시고 조금씩 먹어서 기력을 회복하시고 여행할 수 있도록 하는 것이다. 다만 요즈음 건강관리를 잘하신 부모님은 자식보다 잘 걷는 경우가 있지만, 사전에 부모님의 건강을 미리 가늠하고 출발하는 것이 좋다.

## 주의 사항

1. 숙소는 끄라비 중심가의 호텔로 정하는 것이 좋다. 이동 거리를 줄이는 것뿐만 아니라 호텔의 시설도 좋으면 만족도가 높다. 한국인 민박이나 아파트보다 호텔을 좋아하신다.
2. 비행기로 들어온 첫날 숙소가 관광지와 가까워야 여행이 쉽게 시작된다. 걷다가 레스토랑이나 해산물을 직접 보고 들어가서 먹는 음식을 부모님이 좋아하시는 것을 경험하였다. 코스는 1일 차에 시내에서 같이 즐기고 다양한 맛집을 방문하는 것을 권한다.
3. 2일 차에 외곽으로 이동한다면 해양 스포츠 같은 몸으로 활동하는 것보다는 해변이나 왓 탐쓰아등의 유적지를 보는 것을 더 좋아하신다.
4. 끄라비 근처의 온천을 즐겨보는 것도 좋다. 몸에 좋은 온천에서 머무르면 부모님이 몸에 좋다고 만족해하시는 경향이 높다. 온천 가기 전에 식사할 수 있는 장소를 미리 알아두는 것이 부모님을 즐겁게 해줄 것이다.
5. 외곽으로 이동할 때는 택시를 예약하고 출발과 돌아오는 시간을 미리 계획하는 것이 부모님의 피로를 고려하는 방법이다.
6. 돌아오는 날에는 쇼핑하면서 원하는 것을 한꺼번에 사면서 공항으로 돌아가는 시간을 잘 확인하는 것이 좋다. 버스보다는 택시를 이용해 시간을 정확하게 맞추는 것이 좋다.

# 시내 투어 + 왓탐쓰아 + 핫 스트림 워터폴 코스

### 1, 2일 차 여유롭게

끄라비에서 부모님과의 여행 일정을 여유롭게 계획해야 탈이 나지 않는다. 공항에 도착하면 택시나 밴을 타고 숙소로 이동해 휴식을 취한다. 2일 차에는 호랑이 동굴 사원으로 유명한 왓탐쓰아에서 태국 불교 사원을 구경한다. 산꼭대기에 있는 불상을 보러 가는 계단길이 오르막길이라 힘이 든다. 부모님 상태를 확인해서 의견을 물어보는 게 좋다. 온천을 즐기고 돌아와 마시지로 피로를 푸는 것이 좋다. 저녁 식사를 하고, 끄라비 타운 강가를 거닐면서 소화를 시키고 돌아오면 하루가 금방 지나간다.

공항 → 숙소 이동 → 휴식(1일 차) →(2일 차 시작) 왓 탐쓰아 이동 → 핫 스트림 워터폴 이동 → 끄라비 타운 → 마사지 → 저녁 식사 → 휴식

### 3일 차 라일레이 섬 투어

3일 차에는 라일레이 섬으로 출발하자 태국에 왔으면 꼭 들려야 하는 섬이다. 그 전날 예약한 배를 타고 섬에 들어가서 수영도 하고, 스노클링도 하고, 휴식을 취하면서 제대로 된 휴양을 즐기면 된다. 해변 근처에 바다를 보면서 식사할 수 있는 좋은 레스토랑이 있으니 맛있게 점심을 먹고, 쉰 다음 카약에도 도전해본다. 투어가 끝나고 시내로 돌아와서 마시지 가게를 방문하고 저녁에는 아오낭 비치로 이동해 지는 석양을 본다.

숙소 → 조식 → 라일레이 비치 → 마사지 → 해변 → 야시장

## 4, 5일 차

아침에 현지인들이 먹는 쌀국수를 먹으면서 끄라비 현지인들의 하루 시작을 같이 느껴보고 카페에서 커피를 마시면서 여행의 마지막을 만끽하자. 부모님이 살아왔던 시절을 쌀국수를 같이 먹으면서 이해할 수 있는 시간이 될 수 있다.

끄라비는 햇빛이 강하므로 오전에 즐기고 오후에는 테스코Tesco나 빅씨마트Bic C Mart에서 쇼핑하면서 햇빛을 피하는 것이 좋다. 마지막으로 마사지를 받고 몸의 피로를 풀고 나서, 저녁에는 시내의 한국식당을 찾아 부모님의 입맛을 돋우어 활기를 찾아 돌아가는 것이 좋다. 식사를 마치고 끄라비 공항으로 이동하자.

**쌀국수로 하루 시작하기 → 카페에서 커피 즐기기 → 꽃게 동상에서 가족사진 찍기 → 뿌담 레스토랑에서 점심 식사 → 마사지로 여행의 피로 풀기 → 한식당 → 끄라비 공항**

# 끄라비 타운
## Krabi Town

안다만 해와 끄라비 강이 만나는 곳에 자리 잡은 끄라비도의 경제, 교통, 교육의 중심지이다. 말레이시아와 가까워서 그런지 이슬람 문화의 영향을 받은 이슬람교도가 많아 이슬람 음식점, 이슬람 사람들이 다른 지역에보다 많다.

타운은 조용하게 쉬기를 원하는 여행객들이나 아오낭, 코 피피, 라이레, 꼬 란타를 방문하는 여행객들이 주로 방문한다. 특히 주말에 열리는 야시장은 아오낭, 노파랏 타라 등에서도 구경하러 많이들 방문하는 곳이다. 물가가 다른 곳에 비해 저렴해서 오래 머무르기에도 좋은 곳이다.

# 한눈에 끄라비 타운 파악하기

끄라비 타운은 예쁜 사원과 천연 명소들을 갖춘 그림처럼 예쁜 곳이다. 크라비 타운의 매력으로 거대한 불상이 모셔져 있는 사원, 흥미로운 모양으로 형성된 암석, 아름다운 수로 등이 있다. 끄라비 타운에서 흥미로운 문화와 다양한 야외 엑티비티를 즐길 수 있다.

롱 테일 보트를 타고 북쪽으로 가면 가장 대표적인 관광지가 나온다. 거대한 쌍둥이 석회암 암석인 카오 카납 남은 나무로 덮인 특이한 언덕이 강둑 위로 솟아있다. 좁은 계단을 따라 꼭대기까지 올라가면 강이 초록의 숲을 휘감아 바다로 흘러가는 풍경이 한눈에 펼쳐지는 멋진 전망을 감상할 수 있다.

수로를 즐기는 다른 방법은 아름다운 끄라비 강변 산책로를 따라 걷는 것이다. 1.6㎞ 길이의 산책로는 대부분 콘크리트로 이루어져 있고, 끄라비 강의 몇몇 코스를 따라가고 있다. 가만히 들어보면 맹그로브 숲에 사는 원숭이 울음소리가 들리기도 한다.

시내 중심으로 가면 대표 사원인 왓깨우 꼬라와람을 볼 수 있다. 거대한 흰색 건물로 이어지는 긴 계단은 용 모양의 화려한 난간으로 꾸며져 있다. 안으로 들어가면 재단에 앉아 있는 금불상이 가장 먼저 눈에 들어온다.

끄라비 북쪽으로 차량으로 20분 정도 거리에 있는 왓 탐 쓰아가 있다. 가는 길에는 다채로운 색상의 공물과 불상이 있는 석회암 동굴이 나온다. 체력이 받쳐준다면 1,237개의 계단을 따라 산 정상까지 올라가 보자. 꼭대기에는 거대한 금불상과 사원 건물이 있고 발아래에는 마을과 해안선으로 구성된 멋진 전망이 펼쳐진다.

# 왓깨우 꼬라와람
## Wat Kaew Korawararam
### วัดสระแก้วโกวราราม

끄라비 타운에 있는 불교 사원으로 보그 백화점 맞은편에 있다. 태국어로 백색 사원이라고 한다. 황금색 용으로 장식된 계단을 올라가면 사원 전체가 하얀색으로 꾸며진 사원을 볼 수 있고, 사원 한쪽 흰색 정자에서는 끄라비 시내를 한눈에 볼 수 있다. 사원은 그리 크지 않아서 15분 정도면 사원을 한 바퀴 돌 수 있다.

닭들을 방사해 놔서, 여기저기서 볼 수 있다. 사원을 지나 맞은편으로 가면 스님의 사리를 모셔놓은 탑과 행사를 하는 큰 광장을 볼 수 있다. 관광객들이 생각만큼 많지 않아서, 여유롭게 실내와 실외를 돌아볼 수 있다. 입장료가 없으니 편하게 방문해도 좋은 곳이다.

주소_ Issara Road, Pak Nam, Krabi Town 81000, Thailand

# 끄라비 강
**Pak Nam Krabi**
คลองปากน้ำกระบี่

끄라비 북부 산에서 시작한 물줄기가 안다만해로 흘러가면서 만들어진 강이다. 보트나 페리를 보고 있으면 외국 선착장을 연상시킨다. 주위에는 맹그로브 숲이 펼쳐져 있고, 석회암 동굴이나, 어촌마을로 가는 작은 배 선착장이 있다.

강가로 산책길 잘 정비되어 있어서, 현지인들이 아침이나 해가 지면 나와서 운동을 하는 모습을 볼 수 있다.

큰길을 건너면 식당, 커피숍, 야시장이 있다. 산책길에는 꽃게 동상, 독수리 동상, 끄라비 연상되는 설치 미술품들이 많이 설치되어 있어, 여행객들은 주로 사진을 찍으러 많이 방문한다. 저녁이면 젊은이들이 야시장에서 먹을 것을 가져와서 곳곳에서 음악을 틀고 먹는 모습을 볼 수 있다.

# 워킹 스트리트 주말 야시장
**Warking Street Night Market**
ถนนคนเดินกระบี่

끄라비를 방문하는 여행객들이 꼭 한번은 다녀가는 곳이다. 장이 열리는 날만큼은 끄라비 시내가 북적인다. 여행자들에게 제일 유명하기 때문에 아농 비치나, 피피섬에서도 택시를 타고, 방문하는 여행객들이 많다.

야시장은 크게 끄라비 관련 관광 상품을 파는 곳, 태국 전통 먹거리를 파는 곳, 공연을 즐기면서 먹는 곳 등 3곳으로 구분된다. 생각보다 넓지 않아서 한 바퀴 돌아보는데 시간이 30분 정도면 충분하다. 쇼핑이 끝나면 먹거리와 맥주를 챙겨 들고, 라이브 공연이 펼쳐지는 테이블 앞으로 모여든다.

**주소_** Soi 10, Maharat Road | Opposite City Hotel, Krabi
**시간_** 17시~23시, 금~일

# 꽃게 동상
## Poo Dam Amazing Sculptures

맹그로브 숲에 사는 머드 크랩을 태국어로 "뿌담"이라고 한다. 이 머드 크랩을 모티브로 해서 만든 대형 꽃게 조형물이다. 끄라비 강가에 자리 잡고 있어서, 태국 관광객들뿐만, 아니라 외국인들도 끄라비에 방문하면 꼭 사진을 많이 찍는 곳이다. 꽃게 동상에서 보이는 두 개의 봉우리인 카오 카납 남 사진을 가장 잘 찍을 수 있는 장소다. 길 건너 옆에는 꽃게 요리를 전문적으로 파는 식당들이 있어서, 사진을 찍고 방문한다.

**주소_** Utarakit Road, Krabi Town

# 카오 카납 남
## Khao Khanab Nam
เขาขนาบน้ำ

끄라비 타운에서 가장 인기 있고 멋있는 풍경을 자랑하는 곳이다. 두 개의 봉우리가 끄라비 강 양쪽에 우뚝 솟아 있는 모습이 멋진 절경을 자아낸다.

바로 근처에 석회암으로 만들어진 종유석과 석순으로 이루어진 동굴도 있다. 육로로는 길이 없고, 배를 타고 가야만 한다. 꽃게 동상 근처에서 배가 출발하고, 1시간에 300B에 배를 타고 갈 수 있다.

# 보그 쇼핑 센터
## Vogue Shopping Center

끄라비 타운에 있는 현대적인 건물에 들어서 있는 쇼핑센터이다. 지하부터 4층까지 생활필수품부터 가전제품까지 다양하게 제품을 판매하고 있다.

지하층에는 신발, 핸드폰, 심카드, 1층에는 여성복과 화장품, 2층에는 남성 옷, 3층에는 어린이 장난감, 문구류, 4층에는 푸드 코트가 있다. 실내에 에어컨이 나와서 그런지는 몰라도 현지인들로 종일 북적이는 곳이다.

**주소_** 76/1 Maharaj Rd, Tambon Pak Nam, Amphoe Mueang Krabi
**시간_** 10~21시(월~목), 10시 30분~21시 30분(금~일)

# 끄라비 강변 야시장
## Krabi night market

타운에서 콩가 선착장 가는 공터에 펼쳐진 야외 시장이다. 시원한 강바람을 맞으면서 다양한 태국 전통 요리를 저렴한 가격에 먹을 수 있다.
파타이, 쌀국수, 망고 주슈, 각종 꼬치 종류를 포함해 근처 바다에서 잡은 싱싱한 해산물 요리도 제공한다.

**주소_** 7 Khongkha Rd, Tambon Pak Nam, Amphoe Mueang Krabi

# 끄라비 야시장 베스트 메뉴

## 1. 치킨

우리나라에서도 치킨이 인기가 많듯이 태국에서도 치킨은 아주 쉽게 접할 수 있는 음식이다. 길거리나 야시장에 아침이나 해 질 녘쯤에 나가보면 직접 튀긴 바삭바삭한 치킨을 사먹을 수 있다. 가격도 저렴하고, 부위별로 판매하니 닭 다리를 좋아하는 사람은 닭 다리만, 가슴살만 좋아하는 사람은 가슴살만 골라서 먹을 수 있다. 한 조각에 10B~25B 정도 한다.

## 2. 초밥

태국은 일본 문화에 영향을 많이 받아서, 일본 음식도 인기가 많다. 야시장 한 모퉁이에 알록달록하고 다양한 모양의 초밥은 현지인들이나 여행객들에게 인기가 많다. 연어 초밥, 장어 초밥, 해물 초밥 등 익숙한 초밥들을 즉석에 맛있게 만들어준다. 낱개로 구매할 수 있고, 걸으면서 먹을 수 있어서 야시장 인기 메뉴 중 하나이다.

## 3. 해산물 구이

태국은 바다를 끼고 있어서 각종 해산물이 풍부하다. 새우, 타이거 새우, 꽃게, 오징어까지 다양한 해산물을 저렴한 가격에 구이로 먹을 수 있다. 해산물 꼬치 한 개에 10B에서부터 판매하니 취향에 맞게 골라 먹으면 된다. 중간 크기의 통통한 오징어구이도 1개에 100B 정도 한다.

## 4. 돼지고기, 닭고기 꼬치

달콤하고 짭조름한 맛에 숯불 향도 베어서, 지나치기가 쉽지 않다. 아침저녁으로 여는 노점상의 주메뉴고, 야시장에서도 제일 만만하게 먹을 수 있어서 좋다. 개인적으로 꼬치구이와 쏨땀만 있으면 태국을 다 가진 기분이 든다. 크기에 따라 5B부터 다양하게 준비되어 있었다.

## 5. 캐놈벙

태국 전통 팬케이크로 즉석에서 얇은 전병을 만들고 그 위에 크림과 각종 재료를 고명으로 올려준다. 바삭바삭하고 달콤해서 디저트로 좋다. 캐놈벙 만드는 과정을 바로 앞에서 볼 수 있어서 아이들이 특히 좋아한다. 12개에 30B이니 가족 간식으로 충분하다.

## 6. 해산물 튀김

해산물이 풍부해서 다양한 해산물 요리가 잘 발달하여 있다. 그중에도 게 튀김은 끄라비에서 가장 흔하고 볼 수 있다. 튀김가루를 간단히 묻혀서 튀긴 요리는 바삭바삭하고 짭조름한 맛이 나서, 반찬이나 맥주 안주로 제격이다. 한 접시에 30B이면 혼자 먹을 만하다.

# 7. 한치구이

우리나라에도 맥주 안주로 잘 나가는 한치구이를 태국에서 보면 그렇게 반가울 수가 없다.
선선한 바람이 부는 야시장 공터에서 시원한 맥주와 한치구이를 먹으면, 여행의 피로가 확
풀리는 거 같다. 작은 것은 한 마리에 10B, 큰 것은 35B에 사 먹을 수 있다.

# 8. 어묵튀김

태국에도 다양한 형태의 어묵을 맛볼 수 있다. 야시장에서는 기름에 튀긴 어묵을 매콤달콤
한 칠리소스와 같이 준다. 즉석에서 어묵을 만드는 것도 볼 수 있어서 어묵을 처음 본 해외
여행객들에게 인기가 많다. 튀긴 어묵이라 한국에서 먹어보지 못한 맛이 난다. 현지인도
간식으로 남녀노소가 즐겨 먹는다.

# 콩가 선착장
**Kong Ka Pier**
ท่าเทียบเรือคงค

피피섬을 왕복하는 선박뿐만 아니라 코 란타, 코 리페등 근처 섬을 스피드 보트나 페리의 선착장으로 활용하는 곳이다. 바로 앞에 매표소 2군데가 있으니, 섬여행과 섬 투어를 원한다면 시간을 알아보고 하루 전에 표를 끊어 놓는 게 좋다.

**주소 _** Pak Nam, Mueang Krabi

# 끄라비 문화 거리 야시장
**Krabi Culture Walking Street**

끄라비 벽화 거리에서 매주 화요일마다 열리는 시장이다. 길 한쪽에 팟타이, 타이 디저트, 꼬치, 치킨 등 각종 먹거리를 팔고 있다. 현지인들은 주로 저녁 식사를 구매하러 온다. 야시장은 외국인 여행자보다는 현지인의 방문객 수가 많다.

무대에서는 라이브 음악, 타이 전통춤 등, 다양한 공연을 하고, 관람 의자도 있어서, 음식을 먹으면서 즐길 수 있다. 시간이 맞으면 방문해 보는 걸 추천한다. 음주와 흡연은 금지다.

**주소 _** Utarakit Rd Krabi
**시간 _** 17~22시

# 왓탐쓰아(호랑이 동굴 사원)
## Wat Tham Seua

태국어로 "왓"은 사원, "탐"은 동굴, "쓰아"는 호랑이를 의미한다. 끄라비 타운에서 20분 정도 교통수단을 타고 도착 할 수 있는 곳이다. 태국 소승불교 사원 중 하나로서 남부 지방에서는 호랑이 동굴로 유명하다. 현재 불상을 모시는 동굴에 옛날에 호랑이가 살았기 때문에 호랑이 동굴 사원이라고 불리 운다.

사원을 제대로 감상하려면 무려 1,237계단을 올라가야 볼 수 있는 거대한 황금 불상과 탑을 봐야 한다. 계단은 경사도 가파르고, 계단 폭이 높아서, 일반 성인들이 오르기에도 힘에 부친다.

계단을 올라가면 끄라비 전체를 조망할 수 있고, 반대편으로 기암괴석의 멋진 산들을 감상할 수 있다. 태국 사원이니만큼, 여성들은 복장을 조심해야 하고, 물은 필수로 가져가야 한다.

정상에 오르면 필터로 정수된 물을 먹을 수 있으나, 중간에 꼭 필요하다. 어린이나 다리가 불편한 사람들은 생각보다 힘들 수 있다는 걸 명심하기 바란다. 왕복 2시간 정도 걸린다. 대중교통으로 방문하기는 불편하니 끄라비 시내 여행사 투어나 직접 쏭태우를 협상해서 가는 게 좋다. 왕복 200B 정도 한다.

**홈페이지_** watthumsua-krabi.com
**주소_** Krabi Noi, Mueang Krabi
**시간_** 24시간
**입장료_** 없음
**전화번호_** +66-84-068-4664

### 왓탐쓰아 관광팁

1. 물을 꼭 챙겨 간다.
2. 계단 난간을 꼭 잡고 올라가고, 내려온다.
3. 올라가기 전에 스트레칭을 해준다.
4. 어린이나, 무릎이 안 좋은 어른들은 안 올라가는 걸 고려한다.
5. 원숭이에게 먹이를 주지 않는다.

# 타라 공원
**Thara Park**
*สวนสาธารณะธารา*

끄라비 강 옆에 자리 잡은 규모가 꽤 큰 공원이다. 현지인들은 아침, 저녁으로 산책, 달리기, 기구 운동을 많이 하고 편의점과 커피숍도 있어서 여유롭게 소풍을 와도 좋은 곳이다. 근처 어촌마을을 왕복하는 보트 선착장도 있다.

**주소_** 69 Utarakit Rd, Tambon Sai Thai, Amphoe Mueang Krabi

## 신선식품 시장
### Fresh Food Market

각종 열대과일과 반찬도 살 수 있고, 식사도 할 수 있는 시장이다. 망고, 망고스틴, 두리안, 파인애플 등 열대과일을 저렴하게 구매할 수 있고, 시장 한쪽 구석에는 반찬을 골라서 밥에 얹어주는 덮밥 집, 팟타이, 꼬치, 튀김 집도 있어서 간단하게 식사를 할 수 있다.

망고, 야자 주스도 저렴하게 팔고 있다. 합리적인 가격에 식사와 간식을 즐길 수 있어서, 배낭여행자에게는 인기가 많은 곳이다.

**주소_** Pak Nam, Mueang Krabi
**시간_** 10∼22시

# 활기찬 끄라비 타운 엑티비티(Activity)

## 끄라비 카트 스피드웨이(Krabi Kart Speedway)

끄라비 타운에서 20분, 아오낭^Aonang에서 10분 정도 거리에 있는 카트 레이스 전용 경기장이다. 기암괴석 바로 앞에 넓게 펼쳐진 트랙을, 카트를 타고 F1 레이서가 된 듯한 기분으로 바람을 가르면 운전할 수 있다. 싱글 카트와 더블 카트가 있어서 아이들과 같이 타기에도 좋고, 친구와 연인끼리 오면 레이싱을 할 수 있는 색다른 재미를 선사한다.

타기 전에 간단한 핸들 조작법, 브레이크 조작법, 엑셀 조작법을 가르쳐 주고, 헬멧, 장갑, 슈트 등 안전을 위한 장비도 빠짐없이 챙겨준다. 카트 외에도 버기 투어, 페인트 볼, 양궁 등 다양한 엑티비티가 있다. 아오낭^Aonang에서 2명 이상이면 픽업 서비스도 해준다.

**주소_** 4034 Road, Aonang, Krabi Thailand Muang Krabi  **시간_** 9시~6시 30분
**요금_** 싱글 800B/10분, 더블 1,000B/10분, 양궁 800B, 페인트 볼 800B, 버기 투어 800B  **전화_** +66-75-700-522

## EATING

## 메이 앤 마크
**May & Mark**

외국 여행자들이 태국 음식이 지칠 때 와서, 충전을 하고 갈 만큼 서양 음식 스타일로 유명한 식당이다. 신선 식품 시장 근처에 있어서 찾기도 쉽고, 먹고 나와서 후식으로 싱싱하고 저렴한 과일을 숙소로 사서 가기에도 좋다.

샌드위치, 스파케티, 햄버거, 볶음밥등의 식사류와 커피, 워터멜론 쉐이크, 케이크 등 후식을 제공한다. 카페라테에는 시럽을 기본적으로 넣어주니까 안 넣고 마시면 미리 말하는 게 좋다.

항상 에어컨이 시원하게 나와서 쉬어가기 좋다. 아이들과 같이 먹을 수 있는 요리도 많이 있어서, 가족 여행객들도 많이 방문하는 곳이다.

**주소_** 34 Maharaj Road Soi 10 Paknam, Krabi
**영업시간_** 07시~ 21시
**요금_** 햄버거 215B, 파스타 165B~
**전화_** +66-87-759-4521

## 뿌 담 레스토랑
### Poo Dam Bar & Restaurant

끄라비 강가 크랩 동상 맞은편에 있는 끄라비타운 대표적인 씨푸드 레스토랑이다. "뿌 담"은 "검은색 게"라는 태국어다. 오픈하자마자 현지인뿐만 아니라 외국인 관광객으로 항상 넘쳐나는 곳이다. 위치도 좋지만, 싱싱한 해산물을 저렴한 가격에 맛볼 수 있는 큰 장점이 있다.

가장 있기 있는 요리는 맹그로브 지대에서 잡은 크랩으로 요리한 "느아 뿌 팟퐁 커리"가 대표 메뉴이다.

이 외에도 싱싱한 생선구이, 새우구이 등 많은 해산물 요리가 준비되어 있다, 메뉴를 선택하고 해산물을 고르면 100g 단위로 계산해서 가격을 알려준 후 조리해 준다. 저녁 시간에는 조리시간이 많이 걸리니 조금 일찍 방문해서 여유롭게 먹는 게 좋다. 고수는 조리 전에 빼달라고 하면 된다.

---

**주소_** Utarakit Road, Pak Nam, Krabi
**영업시간_** 15시 ～ 23시
**요금_** 타이거 새우 150B/100g, 오징어 50B/100g,
　　　　소트트 쉘 크랩 80B/100g
**전화_** +66-76-581-366

# 겍코 카반 레스토랑
**Gecko cabane Restaurant**

태국인 부인과 프랑스인 남편이 운영하는 크리비 타운 대표 레스토랑이다. '겍코'라는 이름에서 알 수 있듯이 인테리어 곳곳에 도마뱀으로 장식되어 있다. 실내에도 가끔 살아있는 새끼 도마뱀이 출몰하니 놀라지 않기 바란다. 현지 태국 음식점보다는 가격이 있는 편이지만, 쾌적한 실내와 깔끔하고 아담한 레스토랑에서 조용하게 식사를 할 수 있는 곳이다.
파타이, 쌀국수, 쏨땀, 뿌팟뽕 커리 등 태국 음식과 스파게티, 햄버거, 스테이크 등의 서양식 요리가 있다. 샐러드, 카레, 모닝 글로리등 각종 요리는 맵기 조절이 가능하니 미리 이야기하면 된다. 주인 부부가 테이블로 와서 다정하게 인사하고 음식에 대해 자세히 설명해준다. 친절한 분위기, 좋은 식재료, 위생적인 시설이 추천 사이트에서 항상 상위권에 있는지를 알게 해준다.

---

**주소_** 1/36-37 Soi Ruam Jit Muang Krabi Amphoe Mueang Krabi, Chang Wat Krabi

**영업시간_** 11시~14:30, 17시~23시

**요금_** 새우 팟타이 120B, 모닝 글로리 100B, 토마토 스파게티 120B, 똠양꿍 150B

**전화_** +66-81-958-5945

# 바이 토이
**Bai Toey**

끄라비 강과 타라 공원 옆에 위치해, 있어서 아름다운 풍경을 보면서 태국 음식을 즐길 수 있는 레스토랑이다. 상쾌한 푸른색과 하얀색의 조화로 지역의 특성을 살린 인테리어로 편안한 분위기를 느끼게 해준다. 30년이 넘게 영업을 지속해온 식당답게 현지인뿐만 아니라 외국 여행자들에게도 인기가 많은 곳이다. 전통 태국 요리, 남부 태국 요리, 해산물 요리를 전문적으로 하고, 음식도 맛있고, 가격도 저렴하다. 인근 선착장의 신선한 해산물을 재료로 사용한다. 타운에서 조금 떨어져 있어서, 투어를 끝내거나, 끄라비 강 산책을 하다가 해 질 무렵에 방문 코스로 추천한다. 아이들을 위한 놀이 시설도 있다.

**주소_** 79 Khongkha Rd, Tambon Pak Nam, Amphoe Mueang Krabi, Chang Wat Krabi

**영업시간_** 10시~22시

**요금_** 팟타이 90B~, 쌀국수 60B~, 새우요리 180B~, 게 요리 190B~

**전화_** +66-75-611-509

## 삐삐
### Bangkok Welcome Cafe

보그 백화점 근처에 있고, 현지인에게 인기가 많은 곳이다. 길모퉁이에 위치해, 있지만 쌀국수 조리대가 외부에 나와 있어서 찾기에 그리 어렵지 않다. 후덕한 아저씨가 빠른 손놀림으로 주문하자마자 바로 쌀국수를 말아서 가져다준다.

메뉴는 닭 다리가 올려진 치킨 쌀국수와 돼지고기 고명으로 올라간 돼지고기 쌀국수가 대표 메뉴이다.

쌀국수면 종류도 직접 고를 수 있다. 얇은 면보다는 중간 굵기의 면이 쫄깃쫄깃하고 식감이 있다. 쌀국수뿐만 아니라 진열된 각종 반찬을 골라서 밥과 함께 주문해서 먹을 수 있다. 맛있고 저렴한 가격으로 배낭여행자들이 많이 방문하는 곳이다. 에어컨이 없으니 아침이나 선선한 저녁 무렵에 방문하는 게 좋다.

주소_ Thanon Maharat soi 4
영업시간_ 04시~16시
요금_ 쌀국수 50B~

## 찰리타 카페 & 레스토랑
### Chalita Cafe & Restaurant

크라비 강 야시장 내려가는 길에 자리 잡은, 전통적인 목조 주택 가운데에, 위치한 레스토랑이다. 내부는 나무로 인테리어 되어 있고, 벽면에는 다양한 사진들로 꾸며져 있다. 태국 전통 등은 분위기를 아늑하게 해준다.

태국 요리와 정통 이탈리아 피자가 매력적이다. 다양한 와인 리스트를 보유하고 있으며, 글라스로도 팔고 있다. 외국 여행자들에게 특히 인기가 많은 곳이다. 저녁이 되면 선선한 바람을 맞으면서 야외에서 식사를 할 수 있다.

주소_ Chao Fah Alley, Tambon Pak Nam,
　　　 Amphoe Mueang Krabi, Chang Wat Krabi
영업시간_ 16시~22시 30분
요금_ 와인 한잔 120B, 칵테일 150B,
　　　 치킨 볶음밥 80B, 마르케리타 피자 160B
전화_ +66-81-206-6299

# 비바 다 레나토
Viva Da Renato

이탈리아 쉐프이자 주인인 레나토에 의해 1999년부터 영업 중인 끄라비의 대표적인 이탈리아 레스토랑이다. 이탈리아 전통 요리법으로 요리한 피자, 파스타, 샌드위치 및 다양한 와인으로 외국 여행자들에게 인기가 많은 곳이다.
주인이 와인 애호가답게 다양한 이탈리아 와인 리스트를 보유하고 있고, 와인병으로 인테리어가 되어 있다. 와인 안주로 잘 어울리는 다양한 콜드 컷과 치즈 메뉴도 있으니, 태국 음식에 지친 여행자들에게는 마치 이탈리아에 현지를 방문해 멋진 식사를 하는 기분을 선사해 줄 것이다. 맛있는 젤라또도 후식으로 판매하고 있다.

**주소_** C29 Pruksa Utit Road, between Maharaj Road and the Krabi River

**영업시간_** 10시~23시

**요금_** 소고기 햄버거 180B, 카르보나라 180B, 마르게 리타 180B, 와인 한잔 140B

**전화_** +66-75-630-517

## 마하랏 베이커리 & 레스토랑
**Maharat Bakery & Restaurant**

끄라비 타운에서 조금 떨어진 곳에 있어서 찾아가기 쉽지 않으나, 다양한 빵 종류와 식사류, 피자, 샌드위치등 메뉴가 있다. 태국인 부인과 네덜란드 남편이 1995년부터 운영 하고 있는, 전통있는 베이커리이다. 빵은 직접 매일매일 구워서 신선하고 맛이 있다.

실내 곳곳에 사진으로 된 메뉴가 붙어 있어서 주문하는데 별 어렵지 않다. 테이블이 4개밖에 없는 작고 아담한 빵집이지만, 빵 진열대에는 브라우니부터 치즈케이크까지 다양하게 준비되어 있어서 식사 후 디저트로 좋다. 다양한 파니니가 있으니 간단한 아침 식사를 하기에도 부담 없다.

**주소_** 233 Maharat road, Krabi Town, Mueang Krabi
**영업시간_** 7시~17시, 일요일 월요일 – 휴무일
**요금_** 샌드위치 90B, 아침식사 60B~
**전화_** +66 89 731 9110

## 토비코
### TOBIKO

크라비 강가 꽃게 동상 맞은편에 있는 전통 일본식 스시집이다. 최근에 오픈하여 시설이 대단히 깔끔하다. 목조로 마무리한 외부 인테리어로 인해서 쉽게 찾을 수 있다. 초밥, 사시미, 롤등 다양한 일본 요리를 일본인 주방장이 직접 요리한다.

근처에서 공수해온 신선한 생선을 사용하여 맛이 있다. 에어컨이 나오고, 정갈하고 고급스러운 분위기를 찾는다면 추천한다. 최근에 오픈했지만, 식사 시간에는 현지인들로 항상 북적인다.

**주소_** 239/2 Utarakit Rd, Tambon Pak Nam, Amphoe Mueang Krabi

**영업시간_** 11시~22시

**요금_** 연어 샐러드 160B

**전화_** +66-75-611-664

## 보그 쇼핑 센타 4층 푸드코트
### Vogue Shopping Center Food Court

보그 쇼핑 센타 4층에 자리 잡은 카페테리아식 식당이다. 쌀국수, 쏨땀, 파타이, 꼬치구이, 과일주스를 에어컨이 나오는 깔끔한 실내에서 타운에서 가장 저렴한 가격에 먹을 수 있다.

쇼핑 센타 직원들뿐만 아니라 현지인, 외국 여행자들도 와서 다양한 음식을 해결하고 가는 곳이다. 음식을 주문하고, 준비되면 가져와서 테이블에서 먹으면 된다. 수저와 숟가락은 벽 쪽에 준비되어 있다. 점심시간과 저녁 시간에는 쇼핑센터 직원들로 많이 복잡할 수 있으니, 식사 시간 전후로 가는 걸 추천한다.

**주소_** 76/1 Maharaj Rd, Tambon Pak Nam, Amphoe Mueang Krabi

**영업시간_** 10시 30분~21시 30분

**요금_** 쏨땀 25B, 닭고기 덥 밥 20B

## 샤부 콩 크라비
SHABU KONG KRABI

보그 쇼핑센터에서 3블록 떨어진 곳에 있
는 샤브샤브 무제한 뷔페 전문점이다.
각종 해산물, 닭고기, 돼지고기는 299B에
먹을 수 있고, 소고기를 추가하면 399B으
로 무제한으로 먹을 수 있다. 자리에 앉으
면 육수를 고른 후 먹고 싶은 야채, 어묵,
새우, 고기 종류를 주문서에 표시해서 직
원에게 주면 표시한 양만큼 가져다준다.
육수는 2가지를 고를 수 있다. 매운 육수
와 일반 다시 육수를 추천해준다. 인덕션
을 사용하고, 실내에 에어컨이 나오기 때
문에 그렇게 덥지는 않다. 후식으로 주는
아이스크림도 맛있다고 입소문이 자자하
다. 현지인들에게 인기가 많아 저녁때는
기본 웨이팅이 필요한 집이니 예약을 하
고 가는 게 좋다.

**주소_** Pak Nam, Mueang Krabi District
**영업시간_** 15시~22시, 토일_11시~22시
**요금_** 기본 279B, 소고기 무제한 399B
**전화_** +66-99-363-7272

# 끄라비 투어의 식사 모습

# 끄라비 타운 카페 Best 4

## 주 커피(Zoo Coffee)

앙증맞은 동물 캐리터 간판이 눈에 띄어, 길 가다가 한번 쯤 돌아보게 만드는 작고 아담한 커피숍이다. 커피숍이지만 다양한 팟타이, 각종 볶음밥, 덮밥등의 태국 음식과 치킨 너켓, 스프링 롤등 간단한 스낵도 판매하고 있다.

실내 한쪽 벽면은 마치 동물원을 연상시키는 블랙 앤 화이트의 동물 그림으로 되어 있다. 외부 테이블과 에어컨이 나오는 실내 테이블로 구분되어 있다. 더운 점심시간에 식사와 차를 한 번에 해결할 수 있는 곳이다.

**주소_** Maharaj 2 Alley, Tambon Pak Nam, Amphoe Mueang Krabi

**영업시간_** 8시~18시  **요금_** 에스프레소 45B, 아메리카노 50B, 팟타이 59B  **전화_** +66-75-611-664

# 카페 8.98(Cafe 8.98)

끄라비 타운, 아낭 비치에 있는 커피 전문점이다. 캐주얼하고 깔끔한 레스토랑이어서 한국 사람들이 즐겨 찾는 곳이다. 샐러드, 파스타, 샌드위치등 아침 메뉴에서부터 생선요리, 스테이크등 저녁 메뉴도 다양하게 준비되어 있다.

맛있는 커피와 직접 만든 에이드, 망고 스무디등 열대과일로 만든 다양한 음료가 있다. 실내가 생각보다 넓고, 에어컨이 나와서 시원하게 식사를 할 수 있다. 혹시 호텔 조식이 맘에 들지 않는다면, 꼭 와서 먹어보기 바란다.

**주소_** 46,48 Maharaj road Tambon Pak Nam, Amphoe Mueang Krabi

**영업시간_** 8시~22시  **요금_** 프랜치 토스트 200B, 아이스크림 70B, 수박 주스 90B  **전화_** +66-75-680-418

# 코코넛 카페 & 바(Coconuts Caf & Bar)

훌륭한 서양식 아침과 점심 메뉴를 가지고 있고, 과일 주스와 스무디를 잘하는 집이다. 근처에 유명 호스텔이 있어서 항상 외국 여행자들로 북적인다. 아침 및 점심 위주로 장사를 하니 다른 곳 보다 일찍 닫는다.

신선한 제철 과일과 야채로 모든 음식에 건강함이 느껴지는 곳이다. 친절하고 항상 미소로 손님을 대하는 직원과 깔끔하고, 시원한 곳에서 브런치를 먹고 싶다면 추천한다. 벽면에 코코넛 화분으로 장식을 해놓아서 찾아가기는 어렵지 않다. 식사 후 끄라비 강변을 천천히 걸어가면서 구경하면 좋다.

**주소_** 9/2 Chaofa Road, Krabi Town 81000, Thailand
**영업시간_** 8시~15시 30분  **요금_** 타이 티라떼 65B, 샌드위치 155B  **전화_** +66-94-697-8999

**주소_** 89, Utarakit Road, Pak Nam, Krabi
**영업시간_** 16시~02시  **요금_** 칵테일 150B~, 새우 팟타이 90B, 똠양꿍 100B

## 코지 바(Cozy Bar)

끄라비 벽화 올라가는 길 언덕에 있는 레게 분위기의 바이다. 여행자들의 편한 안식처와 같이 자유로운 분위기와 신나는 음악이 있는 곳이다. 각국의 여행자들이 모여서 여행 정보도 교환하고 친분을 도모하는 바이다. 일반 의자, 드럼통 의자, 누울 수 있는 의자등, 최대한 편한 분위기에서 라이브 음악을 들을 수 있다. 주변에 호스텔이 많아 여행자들로 항상 북적이는 곳이다. 최신 여행 정보와 외국인과 친분을 쌓고 싶은 사람에게 추천한다.

# TV 맛집, 원 나잇 푸드 트립

## 콜로비 누들(kolobi noodle)

현지인들도 줄 서서 먹는 유명한 쌀국수 식당이다. 한국 방송에 소개된 후 끄라비를 방문하는 한국 관광객들이 제일 먼저 방문하는 쌀국수 식당으로 자리 잡았다. 에어컨이 나오는 카페와 오픈된 식당으로 나누어져 있고, 영어로 된 작은 메뉴판이 있다.

메뉴는 오리, 소고기, 닭고기 비빔 쌀국수와 일반 쌀국수가 있다. 비빔 쌀국수는 새콤달콤한 맛이 우리나라와 비슷하나 묘한 맛이 매력적이다. 일반 쌀국수는 찐하고 담백한 국물 맛이 일품이다. 크기에 따라 60B, 80B로 구분되고, 테이블에 있는 양념으로 기호에 맞게 맛을 내면 더욱 풍성한 맛을 볼 수 있다.

현지인들은 국수의 양이 적어서 밥을 따로 추가해서 먹는다. 위치가 어중간해서 에메랄드 풀 가는 중간에 먹고 가는 것이 좋고, 후식으로 코코넛 아이스크림도 인기 메뉴이다.

**주소_** 693, Moo 2, Ban Ao Nang, Ao Nang, Krabi Town　**영업시간_** 11시 30분~23시
**요금_** 씨푸드 레드 카레 150B, 마사만 카레 110B, 솜땀 100B, 팟타이 90B, 갈린 난 70B　**전화_** +66-95-792-7038

# 템플 플라워(Temple Flower Restaurant)

아오낭에서 태국 요리와 인도 요리를 한꺼번에 맛볼 수 있는 레스토랑이다. 아오낭 비치로 가는 길에 있는 오픈 식당이고, 햄버거나 피자도 있어서 아이들과 방문하는 관광객들도 많이 눈에 띈다. 코코넛 밀크 와 각종 향신료를 넣어 만든 마사만 카레가 대표 메뉴이다. 진하고 깊은 인도 카레와는 다르게 가볍게 누구나 즐길 수 있는 맛이 난다. 쫄깃쫄깃한 갈릭 난과 찍어 먹으면 잘 어울린다. 이외에도 레드 카레, 타이 카레등 다양한 카레 요리가 있다. 방송 이후로 한국 사람들이 자주 방문해서 친절하게 해준다. 손님이 없을 땐 한국 음악도 틀어준다.

**주소_** 693, Moo 2, Ban Ao Nang, Ao Nang, Krabi Town   **영업시간_** 11시 30분~23시
**요금_** 씨푸드 레드 카레 150B, 마사만 카레 110B, 솜땀 100B, 팟타이 90B, 갈릭 난 70B   **전화_** +66-95-792-7038

## 사바이 바 바(Sabai ba bar)

클롱므앙 해변 근처에 있는 해산물 전문 레스토랑이다. 이국적인 실내장식과 바닷가 바로 옆에 있어서, 석양을 보면서 식사를 할 수 있는 곳이다. 근처에서 잡은 싱싱한 생선을 직접 고르면 요리해준다.

격자 모양의 달걀로 감싼 팟타이 슈림프, 농어 튀김 요리인 갈릭 페퍼 튀김, 생크림 버터의 풍기가 가득한 연어 스테이크가 대표 메뉴이다. 식사 후 칵테일을 주문해 석양 보는 걸 추천하다. 항상 인기 있는 창가 자리에 앉고 싶으면, 조금 일찍 방문하는 것이 좋다. 시간을 잘 맞춰가면 라이브 공연을 즐기면서 식사할 수 있다.

**주소_** Klong Muang Beach Klongson, Nong Thale, Krabi Town   **영업시간_** 10시~22시

**요금_** 팟타이 슈림프 220B, 갈릭 페퍼 튀김 450B, 연어 스테이크 380B   **전화_** +66-81-891-4849

# 라 레이 그릴(Lae Lay Grill)

아오낭 비치가 보이는 언덕에 자리 잡은 고급 해산물 전문 레스토랑이다. 해산물 요리, 태국 요리, 서양식 요리 등 다양한 메뉴와 어린이 메뉴도 있다. 약간 허름해 보이는 외관과는 다르게 안으로 들어가 보면, 물속에 와 있는 듯한 느낌으로 꾸며진 독특한 분위기의 넓은 식당이 있다.

랍스터, 오징어, 생선, 새우, 꽃게, 홍합 등 각종 해산물을 구워서, 큰 접시에 먹음직스럽게 담아주는 씨푸드 플래터는 라 레이 그릴의 대표 메뉴이다. 랍스터만 빼고 있는 안다만 플래터도 2명이 먹기에는 좋다. 가격이 현지 식당보다는 좀 센 편이다. 식당은 더운 낮에 가기보다는 저녁에 꼭 가보길 바란다. 아오낭 비치가 가장 잘 보이는 좌석은 예약이 빨리 마감된다. 예약하면 숙소로 픽업 차량이 오고, 식사를 마치면 숙소로 데려다준다.

**주소_** 89 Moo 3, Ao Nang, Krabi Town　**영업시간_** 11시~22시
**요금_** 똠얌꿍 95B, 연어 사시미 1,100B, 씨푸드 플래터 2,850B　**전화_** +66-75-661-588

# 시우 마이 욕(Siw Mai Yok)

마하랏 시장<sup>MahaRaj Market</sup> 맞은편에 있는 중국 음식 전문 식당이다. 다양한 딤섬과 죽을 팔고 있고, 가격도 저렴하고 맛도 있어서 현지인들에게도 유명한 식당이다. 시장 근처에 있어서 그런지 항상 현지인들로 붐빈다. 딤섬을 주문하면 식당 입구에 있는 스팀에 올려서 바로 쪄서 나온다. 종류별로 나오는 딤섬 개수가 적어서, 다양한 딤섬을 맛볼 수 있어서 특히 좋다. 김태우가 베스트 3로 뽑은 피시 도푸 딤섬, 당면 새우 볼 딤섬, 찹쌀 고기 딤섬을 차례대로 맛보는 것도 좋은 경험이 될 것이다. 이른 아침에 문을 열고 점심 전에 문들 닫기 때문에, 시간을 잘 확인하고 가야 한다.

**주소_** 59 Maharach Rd., Tumbon Paknam, Amphoe Mueang, Krabi  **영업시간_** 6시~11시 30분
**요금_** 찹쌀 고기 딤섬 20B, 당면 새우 볼 20B, 피시 토푸 딤섬 20B, 새우 죽 60B

## 샌드위치 미(Sandwich Me)

레스토랑 추천 사이트에서 항상 상위권을 유지하고 있는 꼬라비의 대표적인 식당이다. 각종 해산물과 채소, 레몬그라스, 생강과 각종 향신료를 넣어 독특한 맛을 내는 똠얌꿍과 꽃게 한 마리가 통째로 들어간 옐로우 카레 크랩, 그린 파파야를 레몬, 고추를 넣고 만든 쏨땀이 한국 관광객들이 많이 주문하는 메뉴이다.
작고 아담한 실내와 깔끔하고 맛있는 음식으로 언제나 여행자들이 방문이 끊이지 않는 곳이다. 아오낭에서 거리가 좀 있는 편이어서, 클롱무안 비치 갈 때 들리면 좋은 곳이다. 쿠킹 클래스도 하고 있으니 관심 있으면 문의해보자.

**주소_** 162/14 Moo.2, Nong Thale, Mueang Krabi  **영업시간_** 13시~22시
**요금_** 파인애플 볶음밥 230B, 돼지갈비 튀김 180B, 똠얌꿍 180B

# 크리스탈 라군
## Crystal Lagoon

해변에서 즐기는 끄라비 여행만 있는 것이 아니라는 사실을 알려주는 장소가 크리스탈 라
군이다. 시내에서 서쪽으로 1시간 정도를 가면 나오는 자연 풀장이다.
입장료는 1인 400B이다. 아이들과 가족여행지로 인공풀장 같은 환경이지만 자연적인 에매
랄드 풀에서 우리나라의 풀장에서 즐기는 것과 같은 느낌이다.

# 에메랄드 풀
## Emerald Pool

해변에서 즐기는 끄라비 여행만 있는 것이 아니라는 사실을 알려주는 색다른 장소이다. 시내에서 서쪽으로 1시간 정도를 가면 나오는 에메랄드색의 맑고 투명한 풀이다. 태국어로 스라 모라 코트<sup>Sra Morakot</sup>도 불린다. 입구에서 걸어가는데 거리가 좀 있지만, 풀에 도착하면 이런 곳이 여기에 숨어 있었나 하는 감탄을 하게 된다. 수영을 할 수 있는 곳이라 아이들과 가족 여행객들에게도 좋으니 튜브나 스노클링 장비를 준비해서 가자.

주위가 미끄러우니 아쿠아 신발이나 슬리퍼는 꼭 신어야 한다. 에메랄드 풀은 끄라비의 주요 관광지 중 하나여서 주말에는 100여 명의 넘는 관광객들로 북적인다. 일정을 짤 때 평일 오전이나 3시 이후에 방문하는 걸 추천한다.

일부 여행자들은 투어 상품을 이용하기보다는 오토바이를 빌려서 개인적으로 방문을 많이 한다. 지도를 잘 보고 오면 쉽게 찾을 수 있지만, 도로에 차가 많이 다니니 안전 운전은 필수이다. 에메랄드 풀에서는 주류, 음식은 반입이 안 되니 주의하기 바란다.

**주소_** Khlong Thom Nuea, Khlong Thom District, Krabi
**요금_** 200B(성인), 100B(어린이),
주차비 30B −블루 풀 포함
**시간_** 8시~17시

## 블루 풀
## Blue Pool

크리스털 라군에서 나무 데크로 이어진 길을 따라 작은 사원, 열대 나무를 지나면 조그만 짙은 파란색의 작은 풀장을 볼 수 있다. 바로 블루 풀이라고 부르는 자연적으로 만들어진 연못이다. 지표 아래에 있는 온천수에 의해 형성되었고, 아직도 물 속을 자세히 들여다보면 온천수가 올라오는 것을 볼 수 있다. 특히 손뼉을 치면 물방울이 수면으로 올라와서 터지는 장면을 보게 된다. 관광객들이 단체로 손뼉을 치고 있는 모습도 사진에 담을 만하다. 블루 풀은 눈에 보이는 것과 다르게 수심이 깊어서 수영할 수 없고, 눈으로 보고 사진만 찍어야 한다. 호기심으로 풀에 들어갔다가는 진흙에 빠질 수 있다. 빠지면 나오기 힘드니 특히 조심해야 한다. 따로 쉴 곳이 없어서 10분 정도 머물면 충분하다. 건기인 11월에서 4월까지만 입장이 가능하다.

**주소_** Khlong Thom Nuea, Khlong Thom District, Krabi
**요금_** 200B(성인), 100B(어린이) − 에메랄드 풀 포함
**시간_** 10〜15시

# 핫 스트림 워터폴
## Hot Stream WaterPool

미네랄이 풍부한 계단식 온천인 핫 스트림 워터 풀은 석회암 지형이 녹으면서 자연적으로 만들어진 계단 형태의 조그만 온천이다. 규모는 작지만, 피로를 푸는 데 효과가 좋다. 온천 온도는 35도에서 40도 사이이고, 류머티즘 관절염과 좌골 신경통을 비롯한 각종 신경통이나 관절염에 좋다고 알려져서, 현지인뿐만 아니라 부모님을 모시고 온 관광객들은 일부러 찾아오기도 한다. 곳곳에서 편하게 가족이나 연인끼리 온천욕을 즐기는 사람들을 쉽게 볼 수 있다. 더운 지방의 온천이라 그리 오래 머물기는 힘들다. 15분에서 20분 정도 온천에서 머물고, 밖으로 나와 쉬는 게 좋다. 오전 9시 이전이나 3시 이후에는 투어 관광객들이 빠져서 한가하게 즐길 수 있으니, 시간을 잘 맞추면 편안하게 즐길 수 있다. 옷을 따로 갈아입을 장소가 없어 수영복을 입고 가는 게 좋다. 입구에서 온천까지 카트가 운영되고, 입구 근처에는 깔끔하게 만들어 놓은 온천도 있어서 아이들과 함께 놀기에 좋다. 에메랄드 풀 패키지 상품에 포함되어 있으니 예약 전에 확인해 보기 바란다.

주소_ Khlong Thom Nuea, Khlong Thom Distric
요금_ 160B, 주차비 30B, 카트 20B

## 맹그로브 정글
**Mangrove Jungle**

열대 및 아열대 지역의 강변, 바닷가 진흙에서 자라는 붉은 뿌리가 특징인 맹그로브 나무가 만들어 놓은 정글을 맹그로브 정글이라고 한다. 물고기의 은신처, 산란 장소를 제공하고, 태풍이 올때는 막아주는 역할도 하여서 근처 생태계에 매우 유익하다. 태국 정부가 맹그로브 나무를 보호하고, 맹그로브 정글을 관광상품으로 만들기위해 카약 투어 상품을 개발하였다.

관광객들은 고요하고, 조용한 맹그로브 정글에서 카약을 즐길 수 있다. 맹그로브 나무가 그늘을 만들어 주어서 의외로 덥지는 않다. 중간 중간에 원숭이 무리들도 발견할 수 있다.

# 끄라비의 비치들
## Krabi Beech

## 아오낭 해변
### Ao Nang Beach

열대 정글과 반짝이는 안다만 해 사이에 자리 잡은 아오 프라낭Ao Pranang 해변은 따스한 햇살 아래에서 한가로운 시간을 보내기에는 더없이 좋은 곳이다. 이 해변은 보통 '아오낭Aonang'이라는 짧은 이름으로 불리고 있으며, 끄라비 최고의 해변 중 하나로 꼽힌다. 원하는 수준의 비용에 맞추어 이용할 수 있는 다양한 숙박 시설과 야외 활동이 마련되어 있는 아오낭 해변은 모험을 즐기는 관광객, 휴식을 원하는 관광객, 자연 그대로의 경치를 감상하고 싶은 관광객 모두에게 좋은 장소이다.

아오낭Aonang 해변 근처에는 저렴한 호스텔이 많고 물가가 싸서 배낭 여행객이나 저렴한 비용의 휴가를 원하는 관광객들이 많이 찾는다. 그러나 해안가에는 호화로운 여행에 걸맞은 최고급 리조트도 많이 있다. 대부분의 숙박 시설은 해변까지 쉽게 걸어갈 수 있는 거리에 있어서 이동하기도 쉽다.

야자수가 늘어선 깨끗한 해변에서 일광욕을 즐겨도 좋고 따뜻한 바닷물에서 수영을 즐겨도 좋다. 좀 더 활기 넘치는 활동을 원한다면 카약, 카누, 스쿠버 다이빙, 스노클링 등을 즐겨보는 것도 끄라비를 즐기는 좋은 방법이다. 바닷가 곳곳에 있는 인상적인 석회암 절벽으로 된 카르스트 지형 덕분에 암벽 등반 장소로도 유

명하다. 암벽 등반에 경험이 많지 않아도 등반 교실에 참여하여 레슨을 받으면 기초 과정을 익힐 수 있다.

해변에 편안히 누워 쉬면서 행상들이 파는 지역 특유의 음식을 사 먹거나 마사지를 받으면서 휴식을 취해보자. 바닷가를 벗어나 시내에 있는 다양한 바, 레스토랑, 기념품 상점에도 가서 쇼핑을 즐겨보자. 최근에는 상업화된 분위기를 느낄 수도 있지만, 자연 그대로의 아름다움은 아직도 충분히 느낄 수 있다. 거의 모든 장소가 사진을 찍기에는 최고의 장소이므로 카메라 배터리가 방전될 정도로 사진을 찍을 수도 있으니 조심하자. 숲 속에서 줄타기를 하며 이곳저곳으로 이동하는 원숭이, 푸른 물과 백사장을 보고 있으면 완벽한 지상 낙원의 분위기를 느낄 수 있는 곳이다.

아오낭Aonang은 바닷물과 날씨가 항상 따뜻하므로 1년 중 언제나 최고의 여행지라고 할 수 있다. 또한 카이 섬Ko Kai, 란타 섬Ko Lanta, 피피 섬Ko Phi Phi 등 페리로 이동할 수 있는 근처 섬들을 둘러보려면 거쳐야 하는 관문과 같은 곳이기도 하다. 한적한 해변은 석회석 절벽으로 시내와 단절되어 있어서 섬처럼 배를 타고 이동해야 한다. 이동하면서 절벽에서 암벽 타기에 빠진 사람들을 종종 볼 수 있다.

웨스트 라일레이 비치West Railay Beach는 태국 남부 작은 반도의 서쪽 해안에 아름답게 펼쳐진 모래사장이다. 험준한 바위가 있어 숙련된 암벽 타기 기술을 가진 사람들이 도전하는 곳으로 유명하다. 암벽 등반가들이 정복하려고 하는 절벽은 해변과 시내나 끄라비 주 사이의 경계선이 된다. 웨스트 라일레이 비치는 태국 남서부 끄라비 주의 남서쪽에 자리하고 있다. 높다란 석회암 절벽이 도로를 막고 있어 아오낭Aonang에서 이스트 라일레이 비치East Railay Beach로 가는 보트를 타야 갈 수 있다.

**위치_** 끄라비 국제공항에서 택시로 20분 정도

# 웨스트 라일레이 비치
## West Railay Beach

럭셔리 리조트가 있고 근처에는 환상적인 해안 전경이 펼쳐진 헤븐 7$^{Heaven 7}$ 어린이 공원도 있다.

해변에서 보트나 페리를 빌려 피피섬이나 다른 곳으로 이동할 수도 있다. 롱 테일$^{Long Tail}$ 보트를 타면 안다만 해의 고유한 분위기를 느낄 수 있다. 배 위에서 드라마틱한 모습의 절벽을 감상하고 멋진 사진으로 남길 수도 있다. 절벽의 풍경은 특히 해 질 녘 수평선 뒤로 해가 넘어갈 때 탄성을 자아낼 만큼 아름답다.

해변의 북쪽에는 느긋한 분위기로 배낭여행객들의 인기 안식처가 된 톤사이 지역이 있다. 걷거나 카약을 타고 프라낭 동굴과 인접한 해변도 구경할 수 있다.

### 비치 즐기기

정글 속에 구불구불 나 있는 길을 따라 트레킹도 즐길 수 있고, 모래사장에 편안히 자리를 잡고 고요한 오아시스의 평화를 만끽할 수도 있다. 해변에서 예쁜 조개껍질과 다른 신기한 것들을 찾아보고 안다만 해에서 시원하게 수영도 즐기면 하루는 금방 지나간다.

라일레이 반도(Railay Penninsula)에는 암벽 등반, 바다 카약, 스쿠버다이빙 등을 비롯해 다양한 즐길 거리가 있다. 바다에서 스노클링을 하면서 형형색색의 다양한 물고기도 구경해 보자. 내륙에서는 래프팅, 오토바이 타기, 코끼리 트레킹 등이 있다.

## 이스트 라일레이 비치(East Railay Beach) 가는 방법

리조트와 싱그러운 열대의 숲 사이로 나 있는 길을 따라가면 해변과 반대쪽에 이스트 라일레이 비치 (East Railay Beach)가 나온다. 이 해변에는 끄라비에서 도착하는 배들을 위한 부두가 있다.
라일레이 비치 뷰 포인트에 올라가면 이스트(East) / 웨스트 라일레이 비치(West Railay Beach)가 모두 보이는 멋진 전망을 감상할 수 있다.

# 아오 톤 사이 해변
## Aotonsai Beach

분주한 끄라비 타운에서 얼마 떨어지지 않은 곳에는 싱그러운 숲으로 둘러싸인 부드러운 백사장이 펼쳐져 있다. 발밑의 열대어 무리도 감상하고 아오 톤 사이 Aotonsai의 한적한 해변으로 이어지는 싱그러운 숲 속도 거닐어 보자. 따뜻한 모래에 발을 묻고 시원한 음료를 마신 다음에는 암벽을 올라 환상적인 전망도 감상할 수 있다. 해안에 위치한 아오 톤 사이Aotonsai는 끄라비 타운에서 가깝지만 진입로가 없어서 대부분의 사람들이 해안에 모여 있다.

아오 톤 사이Aotonsai 해변으로 오는 가장 편한 방법은 끄라비 타운에서 차로 금방 갈 수 있는 아오Aonang 낭 부두에서 롱테일 보트로 이동할 수 있다.(약 20분 소요) 1시간 30분 정도 정글 속을 하이킹하는 방법도 있다.

열대 천국을 제대로 경험할 수 있어 해보면 후회하지 않게 된다. 아오 톤 사이Aotonsai 비치에 오면 완만한 곡선으로 펼쳐진 백사장과 잔잔한 바다를 만날 수 있다. 해변에서 원하는 곳에 자리를 잡은 후 타월을 깔고 본격적으로 휴식을 만끽해 보자. 해변에는 행상들이 있어서 음식이나 기타 필수품을 구입할 수도 있다.

일광욕을 즐기고, 밀물 때 내륙 쪽으로 조금만 걸어가면 외딴 석호를 볼 수 있다. 바위에서 점프하여 시원하게 다이빙도 즐길 수 있다. 해변 방갈로 중 하나에서 카약을 빌려 바닷가 지역도 둘러보면 좋다. 삐죽 빼죽한 절벽 사이의 물웅덩이와 동굴도 구경하고 근처의 라일레 리조트에도 가보자. 이곳에는 암벽 등반을 즐기는 사람들에게 인기가 높은 험준한 바위와 절벽은 물론 환상적인 모래사장을 만날 수 있다. 석회암층을 통해 수백 개의 루트가 마련되어 있다. 해변에서의 여유는 덤이다.

# 프라낭 비치
## Phra Nang Beach

기묘한 모습의 바위와 푸른 바다가 어우러진 환상적인 해변인 프라낭 비치Pranang Beach는 웨스트 라일레이 비치의 아래쪽에 위치한 아름다운 해변이다. 금방이라도 캐리비안의 해적이 튀어나올 듯한 기묘한 모습의 암석들과 어우러진 푸른 바다는 그야말로 장관을 이룬다.

여행자로 붐비는 해변에 조그마한 롱테일 보트들이 정박해 있는 데, 각종 간식거리를 판매한다. 먹고 마시는 음료수가 편하고 저렴하므로 음식과 음료, 맥주를 사와서 시원한 그늘에서 즐길 수 있다. 바닷가에 앉아 군것질을 즐기는 재미있는 경험을 할 수도 있다.

작고 아담하지만 예쁜 섬이 떠있어 물속을 걷다 깊은 곳에 도착하면 수영해서 섬에 도착할 수 있을 것 같은 무인도를 탐험할 수 있을 것처럼 아름답고 바다 물속은 깊지 않다. 바닥에 산호 부스러기가 많아 신발을 신고 바다를 걸어 다니는 것이 좋다. 프라낭 비치Pranang Beach는 리조트가 없어서 다니다 보면 나의 전용 비치라는 느낌이다.

### 아오낭(Aonang) ↔ 라일레이(Railay), 프라낭(Pranang)

아오낭Aonang에 가게 되면 롱테일보트 Long Tail Boat(긴 꼬리배)를 타고 라일레이 Railay와 프라낭Pranang 비치를 가게 된다. 아오낭 비치와 라일레이Railay, 프라낭은 Pranang 200B면 이동이 가능하다. 예전에는 보트가 웨스트 라일레이West Railay 까지 왕복 운행을 했지만 지금은 웨스트 라일레이West Railay에 먼저 내려주고 프라낭 Pranang Beach 까지 연장 운행을 한다.

웨스트 라일레이West Railay에 내리게 되면, 걸어서 이스트 라일레이East Railay를 지나쳐 프라낭 동굴Pranang Cave까지 약 30분 정도 거리가 된다. 처음 가게 된다면 웨스트 라일레이에서 내려 동굴 구경을 하고, 프라낭 비치Pranang Beach에서 쉬다가 배를 타고 나오거나 반대로 이용하면 30 분 거리를 왕복할 필요는 없다.

#### 주의! 원숭이들

나무 그늘이 넓어 쉬기도 좋지만 원숭이 때가 간혹 습격을 하기도 한다. 특히 음식을 가지고 있으면 다가오는 데 무리하게 다가가지 말고 원숭이에게 주는 것이 다치지 않는다. 상당히 많은 수의 원숭이 때가 나타나 여행객의 음료수나 음식을 약탈해가기도 한다. 그러면 관리인이 와서 쫓아내기를 해도 한참 만에 물러난다. 즐거운 구경거리라고 생각할 수 있지만 때로 다칠 수 있으니 조심해야 한다.

# 라일레이(Railay), 프라낭(Pranang) 해변 비교

해마다 1, 2월이 되면 전 세계의 많은 사람들이 방문한다. 특히 겨울철에 중국인이나 일본인, 대한민국의 관광객들이 겨울의 추위를 피해 국제적인 끄라비(Krabi)의 휴양지로 방문한다. 석회암이 부식되어져서 만들어진 기기묘묘한 바위들이 다른 곳에서 볼 수 없는 풍광을 보여준다.

굳이 라일레이(Railay), 프라낭(Pranang) 비치 비교를 하자면 웨스트 라일레이(West Railay) 풍경이 조금 더 아름답다. 물론 개인적으로 프라낭(Pranang) 비치가 더 풍경이 좋다고 할 수 있지만 대체적인 평가는 웨스트 라일레이 비치가 좋다고 한다. 그래서 럭셔리 리조트가 해변을 차지하고 있어서 수건을 해변에 놓고 뒹굴뒹굴 책을 읽거나 잠을 청하는 관광객이 많다.

럭셔리 리조트에 파라솔들이 설치되어 나무그늘이 없는 경우도 있다. 해변에 음식을 파는 사람들이 없으므로 상점까지 걸어가서 구입하는 것이 불편할 수도 있다.

# 툽 섬
Tup Island

썰물 때, 바다가 갈라져서 길이 드러나는 신비한 자연 현상으로 포다 섬Poda island과 함께 가족 여행지로 가장 선호되는 섬이다. 바닷물이 빠지면서 흰 모래사장이 나타나는데, 여기를 걸어서 건너편 섬인 모 섬Mo Island까지 갈 수 있다. 모래사장을 사이에 두고 한쪽은 짙은 에메랄드색, 다른 한쪽은 옅은 에메랄드색으로 색이 달라 여행객들에게 또 다른 볼거리를 제공한다. 바닷물도 맑고, 각종 열대어가 많아 스노클링과 수영하기에 좋은 곳이다. 부서진

산호가 많아서 맨발로 걸어 다니면 상처를 입을 수 있으니 꼭 샌들이나 아쿠아 슈즈를 신고 다녀야 한다. '지나 데이비스' 주연의 영화 컷스로트 아일랜드Cutthroat Island에도 등장하는 섬이기도 하다. 아오 낭Ao Nang에서 롱테일 보트를 빌려서 방문하면 40분 정도 걸린다.

# 까이 섬
Koh Kai

일명 치킨 아일랜드Chicken Island라는 별명
으로 불리는데 작은 섬이다. 태국어로는
꼬 카이Koh Kai, 꼬 가이 또는 꼬 후아 콴
Koh Hua Khwan으로도 알려져 있다. 포다 섬
Poda island과 툽 섬Tup Island 남쪽에 있는 작
은 섬이다. 에메랄드빛 바다와 다양한 산

호초가 있어서 스노클링이나 스쿠버 다
이빙하기에 좋고, 투어 시에는 섬 주위에
서 스노클링이나 수영을 한다. 해변을 거
닐다 보면 오랜 시간 동안 조용하게 휴식
을 취할 수 있는 장소를 쉽게 발견할 수
있고, 간단한 음식이나 음료를 파는 작은
식당이 있다. 태국어로 '까이'는 닭이라는
뜻이지만 대단한 닭 모양이 형상화된 섬
일 거라는 큰 기대는 하지 않는 것이 좋
다. 끄라비 엽서에서도 이 섬을 발견하는
건 어렵지 않다.

# 까홍 섬
Kah Hong Island

석회암의 종유석이 발달되어 안으로 들어간 만에 카약킹과 스노클링에 적합한 장소를 선사하고 있다.
에메랄드빛의 바다 색깔과 고운 모래사장이 있어서, 수영하기에도 좋고, 스노클링하기에도 좋다.
열대 물고기와 산호도 많아서 다른 곳보다 물놀이에 가장 좋은 섬이라, 여러 섬 투어보다 까홍 섬을 단독으로 오는 여행객들도 많이 있다. 단독으로 오는 여행자들은 나무 밑에서 책을 읽고, 더워지면 수영을 하면서 보낸다. 수심이 깊어서 어린 아이들은 꼭 구명조끼를 입어야 한다.

# 포다 섬
## Poda island Kho Poda

포다 섬은 아오낭Ao Nang 비치와 라일레이Railay 비치와 가까워 쉽게 갈 수 있는 섬이다. 라일레이Railay에서는 25분, 아오낭Ao Nang에서는 30분 정도 롱테일 보트로 타고 가면 도착할 수 있다. 원형 모양의 섬은 지름이 1㎞가 넘지 않으면, 섬 전체가 야자수로 덮여 있어서, 쉽게 그늘을 찾을 수 있다. 부드러운 백사장, 잔잔한 파도, 바닷물도 투명하고 맑아서, 아이들과 부모가 함께 놀기에 좋은 장소다. 섬에는 원숭이도 살고 있는데, 가끔 먹이를 찾아 해변으로 나온다. 음식이나 귀중품을 가지고 달아날 수 있으므로 항상 조심해야 한다. 4섬 투어, 7섬 투어 등 투어를 할 때는 점심을 먹기 위해 1시간 정도만 머물기 때문에, 섬을 즐기기에는 시간이 부족한 편이다. 아오낭Ao Nang에서 왕복 300B를 내면, 개인적으로도 방문할 수 있다. 스노클링, 수영하기에 좋고, 해 질 무렵까지 있으면 멋진 풍경을 감상할 수 있어서 온종일 머물다가 가는 여행객들도 많은 편이다. 해변에 간단한 간식을 파는 매점은 있으나 가격이 비싸므로, 개인적으로 간다면 물, 간식, 과일은 준비해 가도록 하자.

# 아오낭 나이트 라이프

## 라스트 피셔맨 바(The Last Fisherman Bar)

아오낭 비치 옆 해변길을 걷다가 막다른 곳에 이르면 만나볼 수 있다. 아오낭 거리에 있는 바Bar와는 많이 다른 모습의 바Bar다. 아오낭 비치 바로 앞에 있어서, 바닥은 모래로 되어 있고, 바다를 바로 볼 수 있는 테이블을 가지고 있다.

길게 늘어서 열대 야자수 나무가 파라솔 역할을 할 뿐이다. 온전히 바다와 풍경을 즐기기에 최고의 장소이다. 해변 바로 앞 테이블은 석양을 보러오는 손님들로 항상 만원이다. 산책하다가 맥주 한잔하기에도 좋은 곳이다. 치킨, 포크 립 등 다양한 바비큐 메뉴도 있고, 그중 바비큐 1조각과 감자, 옥수수, 샐러드, 디저트 등이 포함된 바비큐 미니 세트가 대표 메뉴이다.

**주소_** 266 Moo 2 | Ao Nang, Muang, Krabi, Ao Nang, Krabi **영업시간_** 11시~24시
**요금_** 칵테일 150B~, 커피 60B, 주스 50B, 미니 바비큐 300B **전화_** +66-81-458-0170

## 센터 포인트(Center Point)

길을 걷다가 간판을 보고는 도저히 무엇을 하고 있는지 짐작이 가지 않는다. 호기심에 이끌려 작은 골목 안쪽을 들어가 보면 비슷비슷한 바Bar가 나온다. 특색있는 6개의 바Bar가 모여 있고, 여행객들이 음악을 들으면서 즐겁고, 편하게 술을 마시는 것을 볼 수 있다. 밤이 되면 조용해지는 아오낭의 밤을 책임져 주고 있는 곳이다.

포켓볼, 라이브 공연, 스포츠 중계 등 다양한 즐길 거리도 마련되어 있어서 아오낭의 엔터테인먼트를 담당하고 있다. 바Bar로 들어가는 입구에는 가방, 액세서리, 공예품 등 다양한 물건을 파는 상점들이 있다. 상점은 11시부터 오픈하며, 바Bar는 오후 2시부터 영업을 시작한다.

**주소_** 423 1 Tambon Ao Nang, Amphoe Mueang Krabi

# 아오낭 스파

## 트로피컬 허벌 스파(Tropical Herbal Spa)

복잡한 아오낭 거리에서 떨어진 산기슭에 근처에 자리 잡은 스파숍이다. 스파숍을 리조트와 함께 운영하고 있고, 열대 야자수와 다양한 나무들로 정원을 꾸며 놓아서 숲속에 온 듯한 착각을 들게 한다.

규모가 있는 스파숍답게 수영장과 선텐용 베드까지 갖추고 있고, 사우나도 있다. 전통 타이 마사지를 받을 수 있는 4개의 파빌리온도 있고, 스파숍에서 운영하는 프라이빗 빌라도 인기가 많은 곳이다. 스파숍과 빌라는 인기가 많아 예약을 꼭 해야 한다.

**주소_** 20/1 Mu2 Ao Nang Beach Muang, 81000 Ao Nang
**영업시간_** 10시~22시
**요금_** 로열 타이 마사지 750B, 스파 패키지 1,500B, 발 마사지 600B  **전화_** 075-637-940~2


## 블루밍 마사지(Blooming Massage)

아오낭 해변을 보면서 마사지를 받을 수 있는 베드가 있어서 특히 여행자들에게 인기가 많은 곳이다. 골든 비치 리조트 부속 마사지 가게여서 깔끔하게 잘 관리된 외부, 실내 분위기, 친절한 서비스로 평판이 좋은 곳이다.

타이 마사지, 발 마사지, 오일 마사지, 허브 볼 마사지 등 다양한 마사지 서비스도 하고, 오전 시간에는 특별 할인도 해주니, 가기 전 미리 연락을 해보고 가는 게 좋다. 아오낭에서 이 정도 가격에 이 정도 분위기에서 마사지를 받을 수 있는 곳은 찾아보기 힘들다.

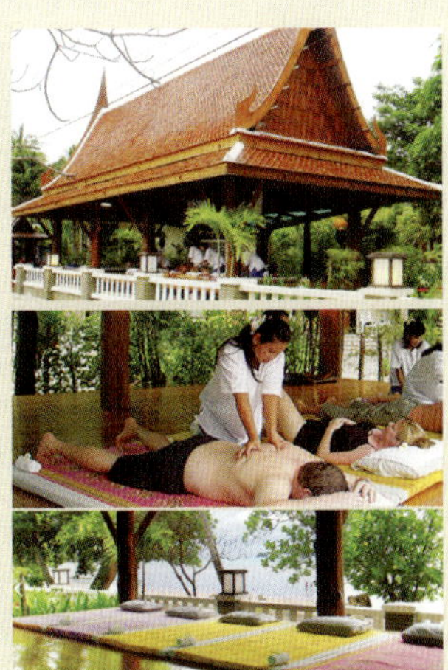

**주소_** Ban Ao Nang, Krabi
**영업시간_** 10시~22시
**요금_** 타이 마사지 200B, 발 마사지 300B  **전화_** +66-75-661-400

## 블루 망고
**Blue Mango**

밤 11시까지 운영하는 끄라비 리조트 건너에 있는 하얀 벽에 그려진 블루 망고라는 간판이 관광객을 매혹시킨다. 테라스에 놓인 파란 테이블이 인상적이다. 저녁에는 이곳을 방문하는 사람이 많아 여유로운 편은 아니다.

타이음식과 이탈리아 음식이 인기가 있으며 어린이를 데리고 온 가족을 위해 실내에 장난감, 인형 등을 갖추어 놓은 키즈존이 있어 편리하다.

**홈페이지_** www.bluemango-krabi.com
**요금_** 파스타 285~320B, 맥주 125B, 주스 95B

## 아오낭 쿠진
**Aonang Cuisine**

아오낭 로드의 중심부에 위치한 태국 음식점이다. 비치 로드 중심가에 위치하면서 워낙 유명해 랜드마크 역할까지 하는 곳이다. 사진으로 잘 설명된 메뉴판은 여행자들의 선택을 돕는다.

파인애플, 건포도, 캐쉬넛, 오징어 등이 들어간 아오낭 카우팟은 약간 달짝지근하고 고소한 맛으로 이곳에서 맛볼 수 있는 독특한 메뉴이다. 식당 내부는 꽤 넓은 편이고 에어컨도 없지만 덥지는 않다.

**영업시간_** 11:00~22:00
**요금_** 카우팟 꿍 120B, 푸팟퐁커리 220B

## 데안스 레스토랑
**Dean's Restaurant**

밤 10시까지만 운영하는 작은 규모의 해산물 전문 식당으로 싱싱한 해산물을 저

**요금_** 해산물 200B~ 맥주 100B

를 걷다보면 근처에도 여러 개의 팟타이 가게들이 있지만 가장 인기가 좋아 항상 기다려야 하는 장소로 50B라는 저렴한 가격에 맛좋은 팟타이를 즐길 수 있어 유럽의 관광객들에게는 꼭 들러야 하는 장소가 되었다. 잠깐 휴식을 취하며 저녁을 즐기기에는 딱이다.

렴하게 즐길 수 있는 레스토랑이다. 직접 보면서 음식의 재료를 볼 수 있어 특별히 사랑받고 있다. 실내나 테이블은 세련되지 않지만 깨끗하다. 길 옆에 있지만 근처에 많은 레스토랑이 있어 찾기도 편하다.

## 자다 팟타이
pad thai

현지인들에게 매우 인기있는 팟타이를 전문으로 파는 음식점으로 아오낭 로드

## 노점상 거리

10시까지 길의 한쪽에서 모여 있는 노점상 거리이다. 아오낭 로드를 걷다보면 옹

기종기 모여 있는 포장마차들이 몇 군데에 나뉘어 있다. 규모가 작고 현지인들이 많이 찾는 노점상이지만 이슬람음식을 파는 노점들과 관광객이 있다.

맛은 따라갈 수 없는 느낌으로 로띠, 주스, 간단한 꼬치, 카레, 면요리 등 다양하여 골라먹는 재미가 있다. 1~2개의 테이블들도 있어 우리나라의 포장마차 분위기를 즐기기에는 딱이다.

**위치_** 아오낭 비치 로드와 차다 리조트 앞

## 시암 뷔페
Siam Buffet

꼬라비에서 저녁에 배가 고프다면 한번은 들러야 하는 레스토랑이다. 아오낭 중심가의 한가운데인 스타벅스 옆에 위치해 찾기도 편하다.

다양한 음식들이 정갈하게 놓여 있어 배도 채우고 맛도 즐길 수 있는 장소로 저녁시간대에 항상 붐빈다. 하지만 식사시

소들이 있는데 그중에서 가장 합리적인 가격으로 즐길 수 있는 장소이다. 저녁시간에 스테이크를 제공하는 레스토랑이지만 시간이 조금만 지나면 와인 바로 변신을 한다.

좌석들은 빛과 함께 밤이 되면 제법 운치가 있고, 서비스가 좋아 기분까지 좋아지는 와인 바이다. 저녁 7시가 넘어서야 분위기 좋은 와인 바가 된다.

간을 조금만 벗어나면 조용하게 맛과 분위기를 동시에 즐길 수 있다.

## 와인 바 브이
Wine Bar V

아오낭 밤거리를 걷다보면 와인과 맥주를 고급스럽게 분위기를 즐길 수 있는 장

## 씨모어 마운트 바(구 허브카페)
### C'MORE Mount Bar

끄라비 타운에서 아오낭 가는 길옆, 기암괴석을 배경으로 자리 잡은 멋진 카페다. 카페 인테리어도 한눈에 알아볼 수 있을 만큼 특색있지만, 뒤편에 보이는 풍경은 끄라비의 또 다른 자랑거리다. 에어컨이 나오는 시원한 실내와 야외 풍경을 한눈에 볼 수 있는 야외석이 있다.
현지인들에게 너무 유명한 카페여서 주말이나 휴일에는 발 디딜 틈이 없다.

커피, 주스 등 음료수와 피자, 스파게티 등 식사, 치즈 케이크 마카롱 등 디저트도 제공한다. 넉넉한 주차 공간, 잔디밭에 있는 아이들 놀이터 등 부대 시설도 수준급이다. 식사비는 멋진 풍경을 보기 위한 입장료라고 생각하면 아깝지가 않다. 위치가 아오낭 가는 길 중간에 있어서 찾아가기가 쉽지는 않다.

**주소_** 586 Moo 1, Ao Nang, Krabi Town
**영업시간_** 9시~19시
**요금_** 치즈 케이크 120B, 아메리카노 70B, 스파게티 159B, 피자 200B
**전화_** +66 94 713 6888

## 마운틴 뷰 씨푸드 레스토랑
Mountain View Seafood Restaurant

식당 이름 그대로 우뚝 솟은 기암괴석으로 둘러싸여 있는 해산물 전문 레스토랑이다. 밖에서 보는 것보다 입구를 지나서 들어가 보면 훨씬 넓고 다양한 시설들이 있다. 야외식당, 실내 식당, 노래방, 맥주 라운지 바 등 규모에 맞게 다양한 부대 시설이 있다.

입구에 들어서면 싱싱한 해산물을 고르고, 원하는 요리 방식을 말하면 된다. 가격이 있는 랍스타를 은근슬쩍 강요하지만, 무시해도 된다.

싱싱한 해산물을 멋진 풍경 속에서 먹을 수 있어서 여행자들에게 특히 인기가 많다. 저녁 6시 30분부터는 야외에서 라이브 공연도 한다. 가격은 아오낭 시내보다는 조금 있는 편이다.

**주소_** 610, Moo 1 | Khao Chong Phli, Ao Nang, Krabi
**영업시간_** 10시~01시
**요금_** 크랩 700~900B, 과일 주스 50B, 칵테일 150B
**전화_** +66-64-749-1186

## 라일레이 빌리지 리조트 & 레스토랑
**Railay Beach Restaurant & Resort**

라일레이 비치에서 가장 유명한 리조트 겸 레스토랑을 운영하고 있는 곳이다. 빌리지 리조트에서 운영하는 레스토랑으로 해변에 위치해 리조트보다 높은 인기를 자랑한다. 해변에 위치하지만 울창한 나무들이 그늘을 만들어주어 숲속에 있는 듯한 느낌이 들 수 있다.

결이 드러난 나무탁자와 저녁이면 은은한 조명이 관광객을 끌어모은다. 음식 맛도 상당히 좋아 맛집으로 소문난 집이다. 망고를 채 썰어 버무린 얌 망고, 그린 커리, 스파이시 바질Spicy basil(150B)을 추천하고 있다.

리조트는 룸이 49개로 많지는 않은 고급 리조트이다. 풀 빌라와 스파 빌라로 분류되어 있는데, 신혼여행자는 스파빌라를 더 선호한다. 천장의 조명등과 캐노피와 같은 장식이 있어 신혼분위기를 만끽하는데 딱이다. 욕조 앞에 TV가 설치되어 있고 정원은 야자수로 그늘이 많아 시원하다. 아침에 들리는 새소리는 기분 좋게 만들어준다.

**홈페이지_** www.railayvillagekrabi.com
**영업시간_** 07:00~22:00
**음식요금_** 얌 망고 200B, 그린 커리 230B, 파스타 180~220B
**숙박요금_** 풀빌라 3,500B, 스파빌라 4,700B
**전화_** 075-622-578

## 선라이즈 트로피컬 레스토랑 & 리조트
Sunrise Tropical Restaurant & Resort

라일레이 비치에 있어 위치로서는 최고이지만 가격이 비싸 인기가 높지는 않다. 음식 맛도 있지만 높은 가격으로 사람들이 많지 않은 레스토랑이다. 하지만 비치에 인접한 레스토랑은 항상 인기가 높아 어쩔 수 없이 찾기도 한다. 그럴 때는 식사보다는 커피 한 잔이나 열대 음료 정도를 마시고 아름다운 해변을 바라보며 한적한 오후와 저녁을 즐기기에는 좋은 장소이다.

너무 비싸지도 싸지도 않은 합리적인 가격의 리조트로 편안하게 쉬고 싶은 여행자들에게 추천한다.
트로피컬 샬레와 방갈로 스타일의 트로피컬 빌라로 구분되는데 합리적인 가격에 레스토랑, 스파, 수영장 등 있을 만한 시설들은 다 있다. 수영장은 크지 않지만 아이들이 놀기 좋은 키즈 풀이 있어 인기가 높다.

**홈페이지_** www.sunrisetropical.com
**영업시간_** 07:00~21:3
**음식요금_** 하와이언 피자 200B, 커피 140B, 주스 60B(TAX 7%)
**숙박요금_** 트로피컬 샬레 2,000B
**전화_** 075-622-599

# 샌드 스파 리조트 & 레스토랑
## Sand Spa Restaurant & Resort

라일레이 비치의 선착장에 최고의 자리에 위치하고 있다. 레스토랑과 근처에서 약간의 쇼핑까지 할 수 있다. 양쪽으로 길게 늘어선 구조로 비치가 바라다보이는 쪽에 자리가 깔려 있어 바다를 바라보며 여유롭게 즐기기에 좋다.

레스토랑에는 관광객들이 항상 많아 주문을 하고 오래 기다린다는 단점도 있지만 그만큼 인기가 높은 레스토랑이다. 해질녘에는 해지는 아름다운 해변을 감상할 수 있어 분위기 좋은 저녁을 즐길 수 있다.

**영업시간_** 12:00~01:00
**요금_** 땡모빤 120B, 맥주 130B

샌드 스파 리조트 & 레스토랑

# 라일레이 베이 리조트
## Railay Bay Resort

라일레이 비치에서 빌리지 리조트와 베이 리조트가 가장 인기가 높다. 객실이 가장 많은 총 141개 룸을 가지고 있다. 리셉션은 웨스트 라일레이, 디럭스 코티지 룸은 이스트 라일레이에 있어 서쪽에서 동쪽에 걸쳐 넓게 조성되어 마을과 같은 느낌이다.

체리나무목으로 되어 열대 분위기인데 객실의 모든 비품은 깨끗하고 관리가 잘 되어 있다. 2개의 수영장은 부드러운 유선형이고 웨스트 라일레이 비치 바로 앞 수영장은 아름다운 선셋을 보기에도 그만이다.

**홈페이지_** www.krabi-railaybay.com
**음식요금_** 디럭스 코티지 3,300B,
　　　　　 디럭스 트리플 패밀리 420B,
　　　　　 스위트 코티지 530B
**전화_** 075-622-570~1

# 라야바디
Rayavadee

신이 만든 아름다운 자연환경과 사람이 만들 수 있는 최고의 디자인이 함께 어우러진 아름다운 천국 라야바디.

높고 아름다운 절벽으로 육지와 단절되어 더더욱 평화로운 느낌의 라일레이 비치, 그곳을 더욱 아름답게 하는 곳이 바로 라야바디다.

각각 다른 매력을 가진 3개의 비치를 접하고 있을 정도로 넓은 부지 위에 100여 개의 아름다운 객실이 자리하고 있다. 객실은 5개의 카테고리로 나뉘는데 77개의 디럭스 파빌리온룸이 여행자들이 가장 많이 이용하는 객실이다. 복층으로 된 객실은 마치 동화 속 주인공이 살고 있는 듯 아기자기한 모습을 하고 있다. 아래층에는 거실, 위층에는 침실과 욕실로 되어 있는데 거실 중앙, 그네식 소파와 여유로운 사이즈의 침대 등 세심하게 신경 쓴 모습이다.

라일레이 비치 쪽에 키즈풀을 갖춘 수영장이 있으며 태국 내에서도 손꼽히는 화려하고 예술적인 스파도 보유하고 있다. 또, 메인 레스토랑인 라야 다이닝Raya Dining, 동굴 안 레스토랑으로 유명한 더 그로토The Grotto를 포함, 5개의 바로 레스토랑도 운영하고 있다.

로비 라운지에서 매일 오후 4시 30분부터 5시 30분까지 애프터눈 티를 무료로 제공한다. 카약, 스노클링 등의 장비를 무료로 대여해 주고 있다.

**홈페이지_** www.rayavadee.com
**요금_** 디럭스 USD663
**전화_** 075-620-740~3

## 라일레이 프린세스 리조트
Railay Princess Resort

이스트 라일레이와 웨스트 라일레이의 중간에 있어 비치가 보이지는 않지만 이

동시간이 오래 걸리지는 않는다.
중간에 있는 리조트의 장점은 야자수 나무들로 둘러싸여 낮에도 덥지 않은 게 가장 큰 장점이다.

리조트 뒤로는 프라낭의 기암괴석들을 볼 수 있어 라일레이 비치에서 색다른 멋을 가지고 있다. 객실 건물이 둘러싸고 가운데에 연못과 수영장이 있어 나무랄 데 없는 리조트이다.

홈페이지_ www.krabi-railayprincess.com
전화_ 075-624-356

# 부리 타라 리조트
## Buri Tara Resort

아오낭 비치에서 떨어져 있지만 시내에 인접해 리조트 위치는 나쁘지 않다. 골목 안으로 약 50m 정도 들어가 왼쪽에 리조트 간판이 나온다.

합리적인 비용으로 깨끗하고 좋은 시설이 부리 타라 리조트의 가장 큰 장점이다. 중간에 있는 수영장은 최대한 객실에서 가깝게 배치되어 여유를 즐기기에 안성맞춤이다.

**홈페이지_** www.buritarakrabi.com
**요금_** 슈피리어 2,000B, 디럭스 2,300B,
디럭스 풀액세스 2,800B
**전화_** 075-638-288~9

# 이비스 스타일 호텔
## Ibisstyle Hotel

비치와는 떨어져 있지만 아오낭 시내와 가까워 편의시설을 이용하기에 좋은 위치이다. 객실은 모던한 가구와 타일 바닥, 다용도 책상 등이 정돈되어 있다.

일반적인 이비스 호텔보다는 좋은 시설로 호텔에 대한 만족도가 높고 건물이 높아 룸에서 아오낭의 석회암 괴석들을 볼 수 있다. 여행자들에게 필요한 것들만 갖춘 편리하고 실속 있는 숙소다.

**홈페이지_** www.ibisstylehotel.com
**요금_** 스텐더드 40USD~, 슈피리어 50USD~

## 아오낭 프린스빌 리조트
Aonang Princeville Resort

아오낭 비치 서쪽에 위치해 있다. 수영장이 가운데 있고 건물이 마주보도록 구성되어 뻥 뚫린 듯한 느낌을 받지만 다른 룸들이 보이기 때문에 사생활 보호가 완전하지 않은 느낌이다. 다른 리조트보다 룸의 크기가 크고 관리가 잘 되어 있어 깨끗하다. 수영을 좋아하고 리조트에서 보내는 시간이 많은 여행자와 아이를 동반한 가족여행자가 많이 이용하는 리조트이다.

**홈페이지_** www.aonangburi.com
**요금_** 슈피리어 2,200B , 디럭스 2,500B
　　　그랜드 디럭스 2,800B
　　　디럭스 풀액세스 3,300B

## 끄라비 차다 리조트
Krabi Cha-da Resort

대중적으고 무난한 시설을 가지고 있는 호텔로 아오낭 로드에 자리하고 있다. 위

로 올라가야 하지만 프런트는 상당히 고급스럽다.
하지만 객실은 좀 낡은 분위기이다. 레스토랑과 편의시설을 사용하기가 좋은 위치로 합리적인 가격과 안정된 서비스로 개인 여행자들이 많이 투숙한다.

**홈페이지_** www.anyavee.com
**요금_** 스텐더드 60USB～, 슈피리어 70USB～

## 팀버 하우스 리조트
Timber House Resort

전체적으로 태국과 인도네시아 발리 스타일을 결합한 듯한 빌라가 여유롭게 배치되어 있다. 자연적인 분위기에서 휴식을 할 수 있는 자연친화적인 분위기로 공간을 활용하여 크게 배치되었다.

**홈페이지_** www.spakrabi.net
**요금_** 스탠더드 2,000B～

# 센타라 그랜드 비치
## Centara Grand Beach Resort

태국 내 많은 호텔과 리조트를 가진 센타라 그룹(구 센트럴)에서 2005년 12월, 야심 차게 오픈한 리조트이다. 뒤로는 절벽이 병풍처럼 둘려 있고 앞으로는 비치가 펼쳐진 동양적인 풍경이 그야말로 그림 같다. 해변을 단독으로 사용하는 리조트들은 있지만 섬 하나에 리조트 하나 식이 아니라면, 센타라 그랜드 비치처럼 천혜의 조건을 가진 리조트는 찾기 힘들다.

192개의 객실은 이 절벽과 비치 사이 언덕에 따라 높낮이가 다르게 지어져 있다. 가장 낮은 등급인 디럭스룸도 넓이가 최소 72평방 제곱미터로 상당히 여유가 있는 크기이다. 객실별로 전망에 차이가 크며 요금도 조금씩 다른 편이다.

고립된 환경이므로 부대시설은 매우 중요한 의미를 지닌다. 바다를 바라보는 전경이 시원한 2단으로 된 메인 수영장과 스킨스쿠버 강습 및 연습장으로 쓰이는 수영장, 모두 2개의 수영장이 있다. 5개의 레스토랑과 바가 있고 무료로 운영되는 키즈 클럽과 마린 센터, 피트니스 센터, 센타라 스파 등도 운영 중이다.

서비스에 대해 크게 욕심내지 않고 장점을 잘 활용한다면 센타라 그랜드 비치는 완벽한 파라다이스로서 손색이 없다.

**홈페이지_** www.centralhotelsresorts.com
**주소_** 396-396/1 Moo 2, Ao Nang, Muang, Krabi
**요금_** 디럭스 3984B~
**전화_** 075-637-789

## ∨ Check Point

- 카약으로 주변의 석회암 절벽을 돌아보자. 호텔 입구에 있는 마린센터에서는 윈드서핑, 카타마란, 카약 등을 무료로 이용할 수 있다.
- 아침 8시부터 자정까지 셔틀 보트가 아오 낭까지 무료로 운행한다. 사람이 많으면 못 탈 수도 있으니 예약해 두자.
- 무료로 운영되는 키즈클럽은 오전 9시부터 오후 6시까지 이용할 수 있고 다양한 프로그램이 있어 그 활용도가 높다.

## 피스 라구나 리조트
### Peace Laguna Resort & Spa

주변의 멋진 자연환경을 피스 라구나 리조트처럼 영리하게 이용한 리조트가 있을까? 피스 라구나 리조트는 메인 도로에서 살짝 들어간 곳에 입구가 위치해 번잡스럽지 않으면서도 주변의 편의시설을 이용하기에 전혀 불편함이 없다.
리조트에 들어서면 가장 먼저 눈에 띄는 프라이빗 코티지룸은 말 그대로 입이 떡 벌어지게 아름다운 모습이다.

웅장한 절벽을 병풍 삼아 연못 위에 하나씩 떠 있는 코티지는 로맨틱한 이곳의 분위기를 한눈에 짐작하게 한다. 코티지룸 이외에도 슈피리어룸, 디럭스룸을 포함해 149개의 객실을 보유하고 있는데 개업한 지 얼마 되지 않아 깔끔하긴 하지만 일반 객실은 평범한 느낌이다.

**홈페이지_** www.peacelagunaresort.com
**주소_** 193 Moo 2, Ao Nang, Muang, Krabi
**요금_** 스텐더드 1,657B~
**전화_** 075-637-344

# 타이 빌리지 리조트
Thai Village Resort

타이 빌리지 리조트는 태국의 전통 건축 양식을 충실히 따른 특별한 리조트이다. 그런 이유로 서양 여행자들에게 특히 많은 지지를 받는 곳이기도 하다. 정원 위로 뾰족한 지붕의 객실 건물들이 자리하고 있는 모습은 이국적이기까지 하다. 총 120여 개의 객실을 보유하고 있는데 스탠더드 디럭스룸, 이그제큐티브 디럭스룸, 허니문 디럭스룸으로 나누어져 있다. 각 객실은 황금색과 붉은색이 주로 쓰이고 침대 머리맡도 세심하게 장식하는 등 전체적인 콘셉트를 충실히 따르고 있다. 5개의 바와 레스토랑을 운영하고 있으며 수영장도 중앙의 바를 기준으로 제법 큰 규모로 짜임새 있게 자리한 모습이다.

**홈페이지_** www.krabithaivillage.com
**주소_** 1260 Moo 2 Tambol Ao-Nang Krabi
**요금_** 디럭스 3,600B~
**전화_** +66-2-275-4397

# 아이 타라 리조트
## Aree Tara Resort

아오낭에서 유명한 아오 낭 부리 리조트와 부리 타라 리조트는 같은 계열이다. 아리 타라 리조트가 이 계열의 막내 격이다. 오너의 어머니 이름인 '아라'는 태국어로 친절한 여성이라는 뜻이 있다.

총 70개의 객실이 있으며 5층 건물로 수영장을 가운데 두고 ㄱ자 모양으로 배치되어 있다. 1층에 있는 디럭스 풀액세스 룸이 인기가 좋다. 전 객실에 발코니가 있으며 TV, 미니바, 안전금고, 헤어드라이어 등의 가전제품 등을 충실히 갖추고 있으며 새로운 리조트답게 모든 것이 새것이다.

바다 전망이 없다는 것만 빼고는 메인 로드로 나오면 끄라비에서 알려진 맛집 '왕 싸이 시푸드'도 근처에 있다. 아오 낭 센터까지는 툭툭을 이용할 수 있는 데 1인 20B이고 체크아웃 후 무료로 이용할 수 있는 샤워룸이 있다.

**홈페이지_** www.areetara.com
**주소_** 177 Moo3, Aonang Soi 8, Aonang, Muang Krabi
**요금_** 슈피리어 2,000B~
**전화_** +66-75-637-377

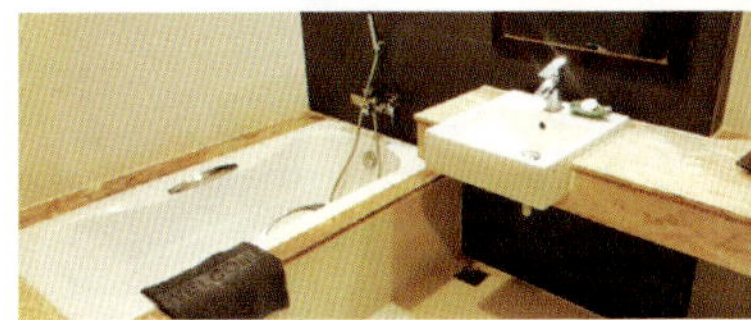

## 아오낭 부리 리조트
### Aonang Buri Resort

꼬라비 현지인들에게 인지도가 높은 리조트다. 아오 낭 비치와 노파랏 타라 비치 중간에 있어 어느 비치로든 접근이 쉽다. 넓은 수영장을 사이에 두고 3개의 객실 동이 마주 보고 있어서 프라이빗한 느낌은 없지만, 동급의 다른 리조트보다 객실의 넓이가 넓다.

평범한 욕실과 룸에 비치된 집기 역시 관리가 잘 되어 있어 깨끗하다. 수영을 좋아하고 리조트에서 보내는 시간이 많은 여행자에게 디럭스 풀액세스 룸을 추천한다. 아이들 동반한 가족 여행자는 넓은 데이베드가 있는 그랜드 디럭스룸을 추천한다. 길을 건너서 해변으로 갈 수 있는 것도 아오 낭 부리 리조트의 편리한 점이다.

홈페이지_ www.aonangburi.com
주소_ 118 Tambon Ao Nang, Amphoe Mueang Krabi
요금_ 슈페리어 1,100B~
전화_ +66-75-637-499

# 반 아오낭 리조트
## Ban Aonang Resort

대중적이고 무난한 시설을 보증하는 베스트 웨스턴 계열의 호텔로 아오 낭 비치 로드에 자리하고 있다. 총 110개의 객실을 보유하고 있으며 스텐더드 룸, 슈피리어 룸, 패밀리룸의 카테고리로 구분되어 있다. 직사각형 모양의 수영장도 꽤 넓은 편이며 키즈 풀도 갖추어져 있다.
유명 레스토랑과 편의시설로의 접근이 편리하고, 합리적인 가격과 안정된 서비스로 언제나 투숙객들로 붐비는 편이다.

**홈페이지_** www.buritarakrabi.com
**주소_** 159/1 Moo 3, Aonang Beach, Muang, krabi
**요금_** 슈페리어 1,150B~
**전화_** 075-638-288~9

# 아오낭 빌라
Aonang Villa

주변에 편의시설을 이용할 수 있는 위치에 있고, 작은 도로를 사이에 두고 아오낭 비치와 마주하고 있어 해변을 이용하기에도 편리한 최고의 위치를 자랑한다. 녹지가 많은 넓은 부지에 3층짜리 건물 7동으로 여유롭게 위치하며 객실을 수용하고 있다.

아오낭 빌라의 트레이드 마크인 수영장은 흐르는 듯한 유선형의 가든 풀을 포함해 모두 2개가 있다. 모든 객실에는 테라스가 있어 트로피컬 한 바깥 분위기를 객실에서도 만끽할 수 있다.

**홈페이지_** www.aonangvilla.com
**주소_** 113 Moo 2 Aonang Beach, Muang, Krabi
**요금_** 슈피리어 3000B~, 디럭스 5000B~
**전화_** 075-637-270

# 파빌리온 퀸즈 베이
## Pavilion Queen's Bay

태국식 지붕을 가진 유럽풍의 건물 모양을 한 파빌리온 퀸즈 베이는 끄라비에서는 보기 힘든 규모가 큰 건물 내에 객실과 부대시설이 갖춰져 있다. 바다를 바로 접하고 있지는 않지만, 바다와 끄라비 스타일의 농촌을 함께 감상할 수 있는 언덕에 있다.

객실과 수영장 등 나머지 부대시설은 상당히 고급스러운 편, 계단식으로 만들어진 수영장에서 바라보는 경치는 그만이다. 해변과 무료 셔틀버스를 운영하여 위치적인 불리함을 극복하는 노력을 하고 있다.

**홈페이지_** www.pavilionhotels.com
**주소_** 56/3, Tambon Ao Nang, Amphoe Mueang Krabi, Chang Wat Krabi
**요금_** 디럭스 1,307B~
**전화_** +66-75-637-611

## 마사지 센터
### Massage Center

아오낭 로드에서 편리하게 이용할 수 있는 마사지 센터는 화려하지 않지만 괜찮은 시설을 갖추고 있어 편안하고 합리적인 가격으로 마사지를 받을 수 있다.
단정하게 입은 직원들의 모습과 깔끔한 실내 분위기가 마사지를 제대로 받을 수 있다는 신뢰를 받는다. 가격도 주변과 차이가 없어 같은 가격이라면 깔끔한 시설을 찾는 관광객이 좋아한다. 종종 오전 시간에 50% 할인된 가격으로 마사지를 받을 수 있는 프로모션을 하기도 한다.

## 킨나리 클래식 마사지
### Kinnaree classic Massage

아오낭은 거리를 따라 저렴한 마사지 숍이 많다. 킨나리 클래식 마사지는 저렴한 마사지 숍 중에서 깨끗하고 서비스가 좋은 편이다. 문에서는 발 마사지를 받는 공간만 보이지만 안쪽으로 들어가면 오일 마사지, 타이마사지 등을 받는 개인실도 있다.

**요금_** 타이 마사지  250B(60분)

## 풀라운 마사지
### Pulaoon Massage

아오낭 로드에 있는 마사지를 잘하기로 유명한 마사지 가게이다. 심플하게 단장한 입구는 마사지를 받기 위해 준비를 잘 해 놓은 분위기를 연출한다. 마사지 실력이 다들 훌륭해서 마사지를 못하는 직원에게 받을 위험부담이 적다.

**영업시간_** 10:00〜23:00 **주소_** Bankastræti 7
**요금_** 타이 마사지 250B(60분)

끄라비 투어

# 프라낭 반도



라일레이는 반도 형태로 육지와 연결되어 있지만 연결부분이 우뚝 솟은 산이어서 육로로 출입이 불가능하다. 끄라비 타운이나 아오낭 비치에서 라일레이를 잇는 대표적인 교통수단은 보트로 롱테일 보트와 스피드 보트가 있다. 끄라비 시내 타운에서 동쪽의 라일레이 비치로 가는 배편이 매일 2편 이상 있다.(1인당 150~300B)

아오낭 비치에서 출발하면 1인당 100~150B 비용을 내고 서쪽의 라일레이 비치로 간다. 보트는 모두 8명 이상의 인원이 모여야 출발하기 때문에 가끔은 인원이 적어 출발시간을 한참 흐른 후에 출발한다. 인원이 적을 경우 최소 요금을 모두 지불하면 출발이 가능하니 적절한 협상이 필요할 수도 있다.

피피섬에서도 1인당 600B의 요금으로 서쪽의 라일레이 비치까지 오는 정기선이 있다. 대부분은 스노클링 투어와 연결이 되어 있다.(1인당 1500B) 피피섬에서는 비수기나 기상상태에 따라 운행하지 않을 경우가 있으니 미리 확인하자.

**이동순서**
끄라비 공항(공항버스 300B) → 끄라비 타운 → 아오낭 비치 → 라일레이 비치 → 아오낭
비치 선착장(롱테일 보트 거리에 따라 100~150B) → 라일레이 비치

## 라일레이 비치로 이동

라일레이 비치에서 롱테일 보트 외에 동력을 사용하는 교통수단은 없다. 이스트 라일레이
비치와 웨스트 라일레이 비치, 프라낭은 걸어서도 충분히 갈 수 있다. 웨스트 라일레이에
서 이스트 라일레이 비치까지는 걸어서 약 10분 정도 걸린다.
웨스트 라일레이와 산 하나로 가로막혀 있는 돈사이 비치까지는 롱테일 보트를 이용해야
한다. 웨스트 라일레이에서 돈사이 비치까지 1인 50B, 최소 인원 6명이 되어야 출발한다.
태국에서 가장 아름다운 자연환경을 가지고 있는 라일레이 비치는 아오낭 비치에서 롱테
일 보트로 약 5~10분 거리에 있다. 육지와 연결되어 있지만 솟아있는 봉우리 때문에 바다
로만 들어 갈 수 있다. 그렇기 때문에 대부분의 사람들은 섬으로 알고 있기도 하다. 라일레
이 비치는 3개로 나누어 다른 이름으로 부르고 있다.

남쪽의 비치는 프라낭 비치, 동쪽은 이스트 라일레이 비치, 서쪽은 웨스트 라일레이 비치로 부르고 있다. 남쪽의 프라낭 비치가 가장 아름다워 라일레이가 아닌 "프라낭"이라는 다른 이름으로 부르고 있는 것 같은 느낌이다.

라일레이 비치는 암벽등반의 성지로 유럽의 클라이머들이 자주 찾는 장소이다. 동쪽의 이스트 라일레이 비치는 직접적으로 바다의 파도가 세게 넘나들어 해수욕에는 어울리지 않고 다들 해변 옆에 석회암 절벽이 우뚝 솟아 있어 기가 막힌 풍경의 섬회암 절벽에서 락 클라이밍을 즐긴다.

서쪽의 웨스트 라일레이 비치에서 롱테일 보트를 타고 약 15㎞정도를 가면 끄라비를 소개하는 책자에 나오는 암벽 등반 사진을 볼 수 있는데 그 배경이 톤사이 비치다.
숙소의 숫자가 적고 가격은 비싸기 때문에 비치의 주변이 한적하여 비치에서 평화롭게 유유자적 힐링하는 느낌으로 있기에 아주 제격인 장소이다. 한가로운 비치의 풍경은 아오낭 비치와 비할 바가 아니어서 끄라비에서 휴양지로 가장 유명한 곳이다.

### 라일레이 비치 즐기기

**1일차**
리조트에서 하루 시작 → 라일레이 서쪽 비치에서 해안 즐기기 → 라일레이 비치에서 아름다운 해지는 장면을 보면서 식사하기

**2일차**
오전에 락 클라이밍 투어 신청 → 락 클라이밍 도전하기 → 피곤한 몸 마사지 받기 → 라일레이 비치 주변 바(Bar)에서 약간의 술과 아름다운 밤 즐기기

**3일차**
오전에 돌아갈 준비하기 → 아침에 한적한 해변 거닐기 → 아오낭으로 돌아가기

### 라일레이 비치 볼거리

프라낭 반도는 가운데가 움푹 들어간 라일레이 비치가 좌우로 길게 펼쳐져 있다. 1990년대 이후에 비치의 리조트와 등반지가 생겨나면서 발전하기 시작했다. 특히 미국의 클라이밍 잡지에 실리면서 태국의 프라낭은 북반국의 겨울에 등반을 할 수 있는 대체 등반지로 급부상하며 한층 더 발전하였다. 프라낭은 석회암이 해풍과 빗물에 부식되어 형성된 거대하고 기기한 형태의 바위들로 절벽이 만들어지며 반도이지만 섬처럼 배로만 이동하기 때문에 상대적으로 보호가 잘 되어 있다.

# 4섬 투어

4섬 투어, 5섬 투어, 7섬 투어까지 투어상품으로 나타났다. 4, 5, 7은 돌아다니는 섬의 숫자를 이용해 투어 이름을 만들었는데 대부분은 4섬 투어를 한다. 투어를 해보면 섬을 돌아다니며 비치를 구경하거나 스노클링 등을 하기 때문에 너무 길면 오히려 재미가 반감되는 경우가 많다.

투어의 가격에는 4, 5, 7 등의 섬의 개수도 중요하지만 배의 종류에 따라 롱테일 보트와 스피드 보트로 나뉘어 투어상품 가격에 영향을 미친다. 투어 가격은 700~1,800B 수준이다.

## 투어 순서

대부분 오전 9시에 모여 인원을 확인하고 출발하여 오후 4시 정도에 투어를 마치고 돌아온다. 회사마다 들르는 섬과 코스가 같아서 시간대가 서로 조금씩만 달라 한꺼번에 모이는 경우에 대비하고 있다. 롱테일 보트의 선택은 신중할 필요가 있다.

9시에 투어인원이 다 왔는지 확인하고 나면 10시 정도가 된다. 다 같이 롱테일 보트와 스피드 보트를 타고 순서대로 출발을 한다. 이때 롱테일 보트를 선택한 관광객들은 자신의 선택에 실망을 하기도 한다. 롱테일 보트가 가격이 저렴하지만 시설이 나쁘고 불편하기 때문이다. 투어를 선택할 때는 스피드 보트를 우선 선택하라고 조언하고 싶다. 섬을 돌아다니는 순서는 바뀔 수 있다.

### ① 포다 섬(Koh Poda)

'끄라비의 하이라이트'라고 부르지만 다른 섬들과 큰 차이는 없다. 포다 섬은 아오낭과 라일레이 비치와 가까워서 가장 먼저 들르는 섬이다. 그리고 해변이 내륙과 반대쪽으로 발달되어 있어 파도가 심하지 않아 투어로서는 안성맞춤이다.

### ② 톱 섬(Koh Tup)

작은 2개의 섬이 가깝게 위치해 섬 사이의 파도가 잔잔하고 깊지 않아서 가족여행객들이 특히 좋아한다. 썰물 때, 바다가 갈라져서 육지(길)가 드러나는 것처럼 현상이 일어나기도 하지만 매번 볼 수 있지는 않다. 톱 섬은 포다 섬과 까이 섬 사이에 위치해 대부분 2번째로 방문하는 섬이다.

### ③ 까이 섬(Koh Kai)

일명 치킨 아일랜드(Chicken Island)라는 별명을 부르는데 섬에 내리지 않고 닭의 머리 형상을 한 바위 옆에서 스노클링을 주로 즐긴다. 앞의 2섬은 비치에서 즐긴다면 스노클링은 대부분 까이 섬에서 하게 된다. 태국어로 '까이'는 닭이라는 뜻으로 닭 모양을 형상화한 섬이라는 데에서 그 명칭이 지어졌다. 포다 섬이나 톱 섬처럼 비치에서 휴식은 취하지 않으니 배에서 있어야 하는데 롱테일 보트는 시설이 낡아서 불편하다. 스노클링 후에 샤워하는 것도 롱테일은 불가능하다.

### ④ 홍 섬(Koh Hong)

홍 섬 투어의 홍 섬하고는 다른 섬으로서, 착각하지 말자. 종유석이 발달되어 안으로 깊숙이 들어간 만에 아름다운 비치가 마지막을 장식한다. 카약킹과 스노클링에 적합한 곳으로 어린아이들이 얕은 바다에서 스노클링을 하기 때문에 특히 아이들의 호응이 높다.

홍 섬까지 이용하면 투어 회사에서는 다시 아오낭 비치로 롱테일 보트나 스피드 보트를 동일하게 탑승하여 돌아오는데 대부분 4~5시에 도착하게 된다. 끄라비에서 가장 높은 이용률을 자랑하는 투어이다.

# 에매랄드 풀 투어
## (사 모라코트 Sa Morakot)

끄라비에서 내륙으로 들어가면 있는 아름다운 자연 풀장과 온천을 즐기는 투어로 만족도 가 높은 내륙 투어이다. 현지에서는 에매랄드 풀투어 Emerald Pool나 사 마라코트 Sa Morakot라 고 부른다. 위치상 개인적인 이동은 렌터카를 이용하는 것인데 힘들기 때문에 핫 스트림 워터폴과 같이 묶어서 투어로 매일 인원을 모집하여 판매하고 있다. 호텔 픽업, 입장료, 교통비를 포함하여 1,300~1,500B이다. 하지만 점심식사를 포함하는 투어는 조금 더 비싸 다.

대부분은 점심을 싸가지고 가기 때문에 점심은 포함하지 않는 것이 일반적이다. 투어는 아 주 간단하게 진행된다. 먼저 에매랄드 풀의 주차장에 내려 10분 정도 이동을 하면 에매랄 드 풀이 나온다. 이때 미리 화장실을 먼저 다녀오는 것이 좋다. 시간은 약 1시간 30분~2시 간 정도의 시간을 주기 때문에 시간이 부족하지는 않다.

### ① 크리스탈 라군 투어(Cristal Lagoon Tour)
끄라비 시내에서 서쪽으로 1시간 정도 가면 나오는 자연풀장으로 인공풀장보다 더 깨끗하

고 아름다워 가족여행객이 반드시 신청하는 투어다. 개인적으로 들어가려면 입장료는 1인 400B이다. 에메랄드 풀에서 놀다가 나무 데크로 만들어진 레일 길을 따라 걸으면 맑은 인공 수영장 같은 조그맣고 새파란 색의 작은 풀장을 보게 되는데 바로 블루 풀Blue Pool이라고 부르는 곳이다. 자연적인 연못에 물이 햇빛에 반사되면서 연못 속을 다 볼 수 있다.
여기서 한 가지 특이한 행동을 보게 되는데, 다 같이 박수를 치면 물의 표면에서 물방울이 올라오는 것을 보게 된다. 신기한 현상으로 다 같이 박수를 치고 있다면 물의 상태를 직접 잘 관찰하기를 바란다.

블루 풀(Blue Pool)

## ② 핫 스트림 워터폴(Hot Stream Waterfall)

에메랄드 풀과 크리스탈 라군을 묶어 크리스탈 라군 투어라고 부르는데, 함께 진행하는 투어상품으로 판매하고 있다. 온천수에 미네랄이 풍부한 계단식 온천인 이곳은 해외 관광뿐만 아니라 태국의 겨울철(건기)에 내국인인 태국인들에게도 인기가 높다.

석회암 지형이 온천물에 녹으면서 자연적으로 형성된 계단 형태의 온천탕이 만들어져 있고 5명 정도가 들어가는 조그만 웅덩이가 7~8개 정도가 있다. 반드시 사전에 수영복이나 해변 비치 복장을 미리 입고 가야 편리하다. 여자들은 화장실에서 갈아입고 남자들은 미리 수영복을 입고 있어서 바로 벗고 옆에 자신의 짐을 놓고 들어간다.

자연 온천이라 안 좋을 거라는 생각이 들겠지만 노천탕에 들어가면 마음의 평화가 오는 것처럼 심신이 편안해져 웬만하면 나오고 싶지 않다. 이렇게 간단하지만 투어로 묶여있는 크리스탈 라군 투어는 한곳에서 즐기는 시간이 많아 5시 정도가 되어야 아오낭으로 돌아온다.

# 맹그로브 투어

끄라비에서 아주 특이한 기암괴석
과 종유석, 물과 같이 사는 밀림에
서 자라는 맹그로브 나무가 만들
어 놓은 지형을 카약킹으로 즐기
고 고대인들이 사는 동굴을 탐사
하는 투어로 아이들과 어른들에게
고대의 동굴을 가까이서 볼 수 있
어 유럽인들에게 더욱 사랑받고
있다.
태국 정부에서 맹그로브 나무를
보호하면서 끄라비 강과 쌓이고
있는 토사가 넓게 분포하면서 위
에서는 넓은 숲처럼 보인다.

카약은 석회암이 침식되어 아름다운 지형 밑으로 통과하기도 하여 여자와 어린이들이 특히 재미있어 한다. 카약킹 중간에는 큰머리 동굴을 둘러본다.

선사시대 유적은 다른 나라에서는 보기 힘든 고대 유적지로 특히 사람의 형상과 알기 힘든 그림들이 그려져 있다. 두개골을 분석해 본 결과 이 곳의 해골은 인간 두상보다는 더 커서 "큰 머리 동굴"이라고 이름을 붙였다. 그림을 보면 마치 누군가에게 이야기를 하고 싶은 듯한 그림이다.

롱테일 보트나 카약킹을 이용하고 끄라비 타운에서 숙박을 한다면 끄라비 타운 차오파 선착장에서 출발하는 것이 일반적이다. 끄라비 강을 따라 카오 캅 남과 아름다운 맹그로브 숲을 볼 수 있다. 수상가옥과 양식장도 가는데 아이들이 좋아한다. 투어 시간은 보통 3시간 내외이다.

## 투어 순서

1 선착장에 도착하면 장비와 카약을 보고 선택한다.

2 카약킹을 타는 방법을 강사가 설명한다.

3 약 2시간 정도 아름다운 배경을 무대로 즐긴다.

# 라일레이 비치

라일레이 비치는 깎아진 듯 험한 산세와 절벽, 맑고 푸른 물빛으로 끄라비에서도 아름답기로 손꼽히는 곳이다. 섬은 아니지만 워낙 산세가 험해 배를 이용해야만 접근이 가능한데 아오낭이나 끄라비 타운에서 롱테일 보트를 이용해 갈 수 있다.
다양한 가격대의 호텔들이 해변에 들어서 있으며 비치를 따라 레스토랑, 바 등도 자리하고 있지만 다른 지역보다 여행자의 발길이 뜸해 여유롭고 평화로운 분위기를 느낄 수 있다.

<table>
<tr><td>엑티비티</td><td>홈페이지_ www.railayadventure.com<br>전화_ 075-662-245</td></tr>
</table>

### 록 클라이밍(Rock Climbing)

1990년대 이후에 시작된 동쪽의 이스트 라일레이 비치와 톤사이 비치는 록 클라이밍의 세계적인 메카가 되었다. 12~2월까지 라일레이 비치는 태국 땅이 아니라 유럽이나 미국에

온 것 같다. 그만큼 많은 클라이머들이 라일레이 비치를 점령하고 록 클라이밍을 즐긴다. 겨울철이지만 따뜻한 기후와 저렴한 물가는 전 세계 클라이머들을 끌어들이고 있다.

처음 경험하는 클라이밍도 기초부터 알려주고 쉬운 코스부터 시작하기 때문에 무리해서 무조건 도전할 필요는 없지만 한번은 해볼 만하다. 온몸의 힘을 주고 힘, 평행력, 모험심을 가지고 해보고 싶다면 가격도 저렴하고 안전하게 최적의 조건으로 클라이밍을 즐길 수 있다.

킹 클리프스 맨King Cliffs에는 트레이닝 할 수 있는 코스별 클라이밍 절벽이 있다. 자신의 실력에 따라 원하는 코스를 즐기면 되고, 초보자라면 전문 강사가 장비를 빌려주고 착용법과 같이 쉬운 코스부터 하나씩 코스를 올리며 모험을 즐길 수 있다.

반나절 코스(4시간)는 1,200B(점심 불포함)로, 매일 오전 9시와 오후 2시에 두 차례 투어상품이 있다. 하루 코스 1,900B(점심 포함)로 하루 8시간 동안 2곳의 장소를 옮겨다니면서 강습을 받고 절벽을 올라간다. 자녀와 함께 클라이밍을 해도 초보 어른과 같이 시작하지만 코스만 조절을 시켜주기 때문에 어린이도 충분히 즐길 수 있다.

### ▶락 클라이밍 순서

1 사무실에서 신청하기
2 클라이밍 신청서 작성
3 장비를 받고 직접 착용해 보기
4 신발을 착용할 때 자신의 발에
　 꼭 맞는 신발 찾기(가장 중요)
5 강사가 설명한 착용법에 맞추어
　 직접 착용하면서 준비하기
6 코스별로 체험하면서 락 클라이밍 즐기기

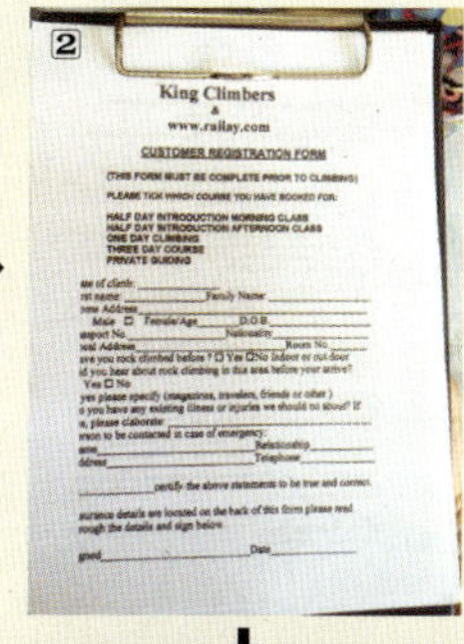

1 한 팔을 벌려 다른 손으로 두 번 돌려 8자를 만든다.

2 아래의 구멍부터 위로 넣어 올린다.

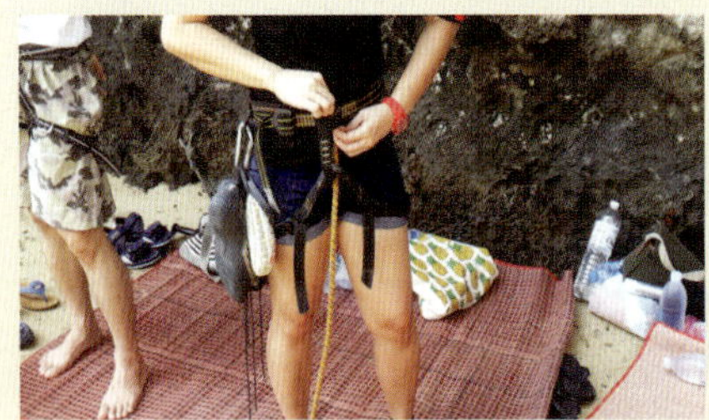

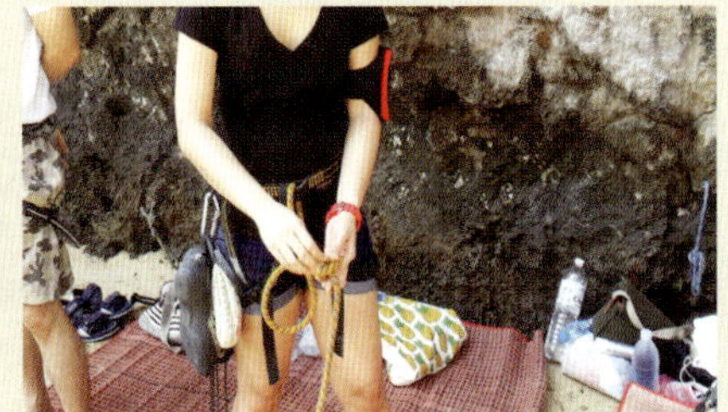

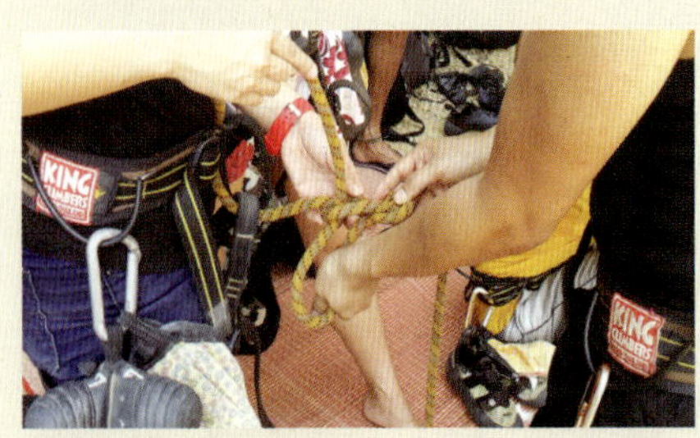

3 위의 구멍까지 넣어 올리고 다시 나온 줄을 8자에 맞추어 2겹의 줄 상태를 만든다.

## ▶ 코스 소개

▲ 초급자 코스

▲ 중급자 코스

## ▶ 다양한 락 클라이밍 모습

# 태국 편의점

무더운 태국에서 길을 걷다 편의점을 보면 그렇게 반가울 수가 없다. 시원한 에어컨이 빵빵하게 나오고 음료수에서부터 즉석식품까지 다양하게 진열되어 있어서, 한 번 들어가면 시간 가는 줄 모르고 머물게 된다. 태국 편의점은 우리나라와는 달리 슈퍼마켓과 가격 차이가 크게 나지 않아 편하게 방문하기 좋다. 한류의 영향과 우리나라 관광객들의 증가로 한국 라면, 과자, 음료도 있다.

## 세븐 일레븐(7-Eleven)

태국 내 최대의 편의점을 가지고 있다. 관광지나, 현지인 거주지역에서도 가장 많이 보이는 편의점이다. 1898년 태국에 첫 점포를 개장한 이래 현재는 태국 전역에 10,000개의 점포를 운영하고 있다. 세븐 일레븐의 나라라고 해도 과언이 아니다.

음료, 과자, 즉석식품, 생필품 등 다양한 제품과 고지서 납부, 심 카드 데이터 충전 등 안 되는 서비스가 없을 정도이다. 대부분 매장에서 ATM기기를 설치하여서 여행자들이 안들 릴 수가 없다. 현재는 후레쉬 커피Fresh Coffee 코너를 신설해 맛있고, 저렴한 커피도 판매하고 있다. 500B 이상일 경우 비자, 마스터 카드로도 계산할 수 있다.

## 테스코 로터스 익스프레스(Tesco Lotus Express)

태국 제1의 소매업체인 테스코 로터스Tesco Lotus에서 편의점
사업을 시작하면서 만든 것이다. 대형 할인점에서 시작한
편의점답게 각종 식료품과 생활용품이 다양하게 진열되어
있고, 특히 신선한 과일, 채소뿐만 아니라 돼지고기, 닭고기
등 기존 편의점에서 취급하지 않은 제품도 진열해 놓아서,
현지인뿐만 아니라 장기 여행자들에게 사랑받는 곳이다.
최근에는 아침이나 점심을 주로 사 먹는 태국인들을 고려
해서 즉석 조리식품을 많이 판매하고 있다.

## 훼미리마트(Family Mart)

태국 편의점 3개 브랜드 중 하나로 세븐 일레븐과 비슷한
콘셉트의 편의점이다. 세븐 일레븐의 기세에 눌려 매장이
많이 보이지는 않는다. 그래도 주요 관광지에서는 자주 볼
수 있다. 식음료부터 생활용품까지 다양한 제품을 판매하고
있으며, 최근에는 택배 서비스도 시행하여 현지인들의 호응
이 대단하다. 편의점 안에 제과점과 카페를 갖춘 매장에 있
어 쉬어갈 수 있다.

## 로손 108(Lawson 108)

전국구 편의점이기보다는 방콕과 수도권 지역에 집중적으
로 매장이 있다. 태국 자체 편의점인 '108 Shop'을 일본 편
의점 브랜드 로손Lawson과 제휴를 해서 로손 108Lawson 108로
바꿔 나가는 중이다. 다양한 계절상품을 비롯한 한정품 행
사로 인기를 끌고 있다.

# 태국 대형 마트

태국은 우리나라와 비슷하게 전국 곳곳에 대형할인점이 있어서, 필요한 물건을 저렴하게 구매할 수 있다. 일상 생활용품에서부터 귀국 선물까지 다양한 상품을 갖추고 있다. 태국 유명 레스토랑과 패스트푸드 체인점도 입점해 있어서, 쇼핑과 식사를 한꺼번에 해결할 수 있어, 현지인뿐만 아니라 관광객들도 즐겨 찾는다. 태국같이 더운 나라에서 대형할인점은 항상 시원하고, 실내도 깔끔해서, 시간을 보내기에도 좋은 장소다. 장기여행자에게 할인점은 필요한 물건을 저렴하게 구매할 수 있는 꼭 필요한 존재이다.

## 테스코 로터스(TESCO Lotus)

편의점부터 대형할인점까지 다양한 규모의 매장을 운영하고 있다. 로터스는 원래 태국 기업인 CP그룹의 할인 매장이었으나, 1998년 영국 테스코에 인수되었다. 이질감을 느낄 여지를 막기 위해서 '로터스Lotus'라는 명칭은 그대로 사용하고 있다.

신선 식품, 가공식품, 의류, 장난감, 가정용품 등 다양한 상품을 판매하고 있고, 영업 초기에 신선 식품매장을 태국 재래시장의 분위기와 비슷하게 해서 태국 고객들에게 큰 호응을 얻었다. 한국 관광객 증가와 한류의 영향으로 라면부터 고추장까지 다양한 한국 제품도 판매하고 있다.

상품 판매뿐만 아니라 편의시설도 갖추기 위해 MK 수끼, 후지 일식당, 오이시 뷔페 등 유명 프랜차이즈와 버거킹, 맥도널드, KFC 등 패스트푸드 체인점을 입점시켰다. 또한 서점, 장난감, 음반 등을 전문으로 판매하는 매장과 미용실 및 네일 샵도 있다. 숙소 가까이 있다면 장 보는 재미도 있고, 식사도 할 수 있어서 방문하기에 좋다.

**끄라비 테스코 로터스(TESCO Lotus)**

**주소**_ 238 4203, Tambon Ao Nang, Amphoe Mueang Krabi(아오낭)
　　　191 Moo 12 Pechakasem Rd. Krabinoi, Mueang, Krabi(공항 가는 길)
**시간**_ 06시~10시

**다양한 형태의 테스코**

엑스트라Extra, 하이퍼마켓(Hypermarket),
백화점(Department Store) : 대형할인점
탈라드(Talad) : 식료품 및 일반 잡화류
익스프레스(Express) : 편의점

# 빅 C 마트(Big C)

테스코 로터스에 이은 태국 제2위의 할인 매장이다. 빅 씨 Big C의 'C'는 'Central'의 약자이다. 1993년 태국 센트럴 그룹의 자회사로 시작해서 1994년 방콕에 1호점을 오픈했고, 2010년에는 태국의 까르푸 매장 42개 을 인수하여 규모를 늘렸다. 현재는 태국뿐만 아니라 베트남, 라오스에서도 진출하여서 활발하게 영업을 하고 있다.

신선 식품에서부터 전자제품까지 다양한 상품구성으로 현지인들뿐만 아니라 관광객들에게도 인기가 많은 곳이다. 대한민국보다는 저렴하지만, 태국 물가에 비교하면 비싼 제품도 있으므로 꼭 비교해서 구매하는 것이 좋다. 다만 대한민국의 제품은 수입품이므로 당연히 더 비싸다는 생각을 하고 물품을 보아야 한다. 대형 매장은 시내 중심지보다는 외곽지역에 있어서 관광객들이 접근하기에는 조금 어려움이 있다. 귀국 선물로 말린 열대 과일, 치약, 의약품, 과자, 꿀을 구매하려 자주 찾는다.

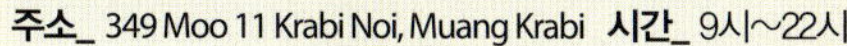

**주소_** 349 Moo 11 Krabi Noi, Muang Krabi  **시간_** 9시~22시

**다양한 빅 C 마트**

빅 씨 슈퍼센터(Big C Supercenter), 빅 씨 엑스트라(Big C Extra) − 대형 할인 매장

빅 씨 마켓(Big C Market), 미니 빅 씨(Mini Big C) − 중형 매장

# 태국 해양 스포츠 주의 사항 & 대처 방법

수영, 스노클링, 스쿠버 다이빙, 패러 세일, 서핑 등 다양한 해양 스포츠는 태국을 방문하는 주요 목적 중 하나일 것이다. 최근 태국 휴양지에서 물놀이를 하다 사고를 당했다는 소식이 자주 들려온다. 휴가의 들뜬 기분으로 아무런 정보와 준비도 없이 해양 스포츠를 즐기다가 사고에 노출된 것이다. 여행에서 제일 중요한 것은 안전이다. 모험가가 아닌 이상 위험한 상황에 본인을 노출 시키는 행동은 최대한 자제하자.

**태국 해양 스포츠 안전수칙 알아두기!**

① 물에 들어가기 전에는 충분한 준비 운동을 하자.

② 호텔수영장이나 해변에서는 안전요원이 있는 곳에서만 수영이나 물놀이를 하자.

③ 해양 스포츠를 할 때는 꼭 구명조끼를 착용하자.

④ 기상 조건이 나쁘거나 파도가 높을 때는 바다에 들어가지 말자.

⑤ 모르는 곳에 가서 혼자 수영을 하지 말고, 사람들이 많은 곳에서 물놀이를 하자.

⑥ 해변에서 물놀이를 하다가 제트 스키, 스피드 보트와 충돌 사고가 자주 발생하므로, 물놀이 중간에 꼭 주위를 살피도록 하자.

⑦ 수영이나 스노클링을 할 때는 중간 중간 해변으로 나와 음료수를 마시거나, 충분한 휴식을 취해야 한다.

⑧ 해양 스포츠 중 몸 상태가 안 좋다고 느껴진다면, 바로 물 밖으로 나오거나 주변 사람에게 알려준다.

⑨ 쓰나미가 발생 전에는 바닷물이 갑자기 빠진다. 이런 현상이나 지진 경보가 울리면 즉시 육지로 올라와 제일 놓은 건물 옥상이나, 야산 등으로 빠르게 대피해야 한다.

## 어린이 안전수칙

① 아이 키에 알맞은 물 높이에서 물놀이를 시키자. 바다에는 수심이 갑자기 깊어지는 곳이 있으니 특히 주의해야 한다.

② 호텔수영장이라도 튜브나 구명조끼를 착용해주고, 항상 아이의 행동을 지켜본다. 아이가 물속에 있다면 보호자도 함께 물속에 있는 것이 안전하다.

③ 산호가 부스러져 발바닥이 다칠 수 있으니 항상 물놀이용 신발을 착용케 한다.

④ 귀에 물이 들어갔다면 면봉을 사용하지 말고 되도록 자연스럽게 물이 빠져나갈 수 있도록 한다.

⑤ 어린이들은 피부가 성인보다 약하니 꼭 선크림을 발라 줘야 한다.

⑥ 면역력이 약한 어린이들은 숙소에 들어와서 꼭 깨끗이 씻겨 줘야, 전염병을 최대한 예방할 수 있다.

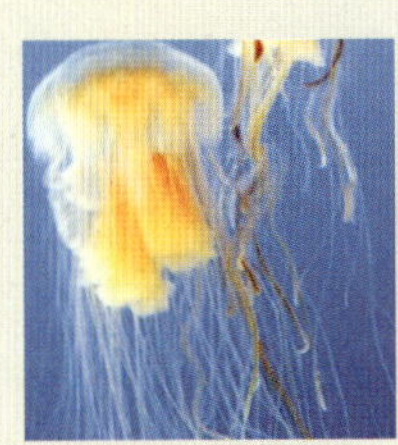

해양 스포츠를 즐기다가 쓰러지거나 의식을 잃은 사고가 발생하면 신속하게 주변에 알리고, 가능한 한 즉시 조치를 해줘야 한다. 의식을 잃고 심정지 시간이 4~5분 지나면 뇌가 손상을 받기 시작하기 때문에, 심정지를 확인하면 즉시 심폐 소생술을 시작해줘야 한다.

**심폐 소생술**

① 즉시 주위에 도움을 청한다.

② 1691에 신고를 한다.

③ 맥박이 뛰지 않으면, 환자의 기도를 확보하고 심폐 소생술을 즉시 실시한다.

④ 가슴 정중앙을 강하게 5㎝ 깊이로 빠르게 1초에서 2번 정도 속도로 30번 눌러준다.

⑤ 한 손으로 이마를 뒤로 젖히고, 다른 한 손으로 턱을 올려 기도를 개방한다.

⑥ 환자의 입에 공기를 불어 넣으며 인공호흡을 2회 실시한다.

⑦ 가슴 압박 30번과 인공호흡 2번을 번갈아 가면서 실시한다. 환자 호흡이 회복되면 옆으로 돌려 눕혀 기도를 열어준다.

※체중이 작은 소아일 경우에는 두 손가락으로 압박을 하고, 인공 호흡할 때 코와 입에 동시에 숨을 불어 넣는다.
※다른 구조자가 있다면 2분마다 교대하면서 반복해준다.

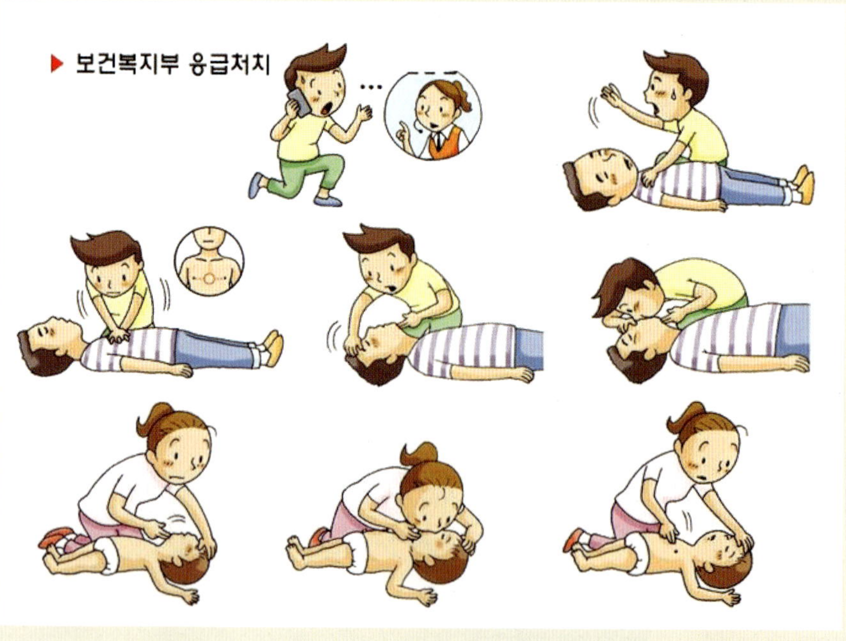

## 해파리에 쏘였을 때

① 즉시 물 밖으로 나온다.
② 환자 또는 보호자가 안전요원에게 알린다.
③ 안전요원이 오기 전까지 바닷물로 씻는다.
④ 세척이 끝나고도 촉수가 남아 있으면 신용카드 등 플라스틱 카드를 사용하여 제거한다.
⑤ 통증이 계속되거나 온몸이 아플 경우 즉시 가까운 병원으로 간다.

※민물, 알코올로 세척 하면 안 된다.
※쏘인 부위를 문지르거나 만지면 안 되고, 붕대로 감는 등 압박해도 안 된다.
※촉수 제거 시 조개껍데기 등 오염된 물체를 사용하면 안 된다.

# 여행 태국 필수 회화

| 한국어 | 성별 | 태국어 | 발음 |
|---|---|---|---|
| 안녕하세요 | 남 | สวัสดีครับ | 싸왓디 크랍 |
|  | 녀 | สวัสดีค่ะ | 싸왓디 카 |
| 실례합니다 | 남 | ขอโทษนะครับ | 커 톳 나 크랍 |
|  | 녀 | ขอโทษนะค่ะ | 커 톳 나카 |
| 이것 좀 해 주세요. | 남 | ช่วยทำอันนี้หน่อยครับ | 추 어이 탐니 너이 크랍 |
|  | 녀 | ช่วยทำอันนี้หน่อยค่ะ | 추어이 탐안니 너이 카 |
| 먼저 들어가세요. | 남 | เชิญเข้าไปก่อนครับ | 츤 카오빠이건 크랍 |
|  | 녀 | เชิญเข้าไปก่อนค่ะ | 츤 카오빠이건 카 |
| 아, 죄송해요. | 남 | อ่อ ขอโทษครับ | 어 커 톳 크랍 |
|  | 녀 | อ่อ ขอโทษค่ะ | 어 커 톳 카 |
| 몇 시에 문을 열어요? | 남 | ประตูเปิดตอนกี่โมงครับ | 쁘라뚜 봇 떤 끼몽크랍 |
|  | 녀 | ประตูเปิดตอนกี่โมงคะ | 쁘라뚜 봇 떤 끼몽카 |

## ■ 식당에서

| 한국어 | 성별 | 태국어 | 발음 |
|---|---|---|---|
| 예약할게요. | 남 | จะจองที่ครับ | 짜쩡 티 크랍 |
|  | 녀 | จะจองที่ค่ะ | 짜쩡 티 카 |
| 얼마나 기다려야 해요? | 남 | ต้องรอนานเท่าไหร่ครับ | 떵 러 난 타오라이크랍 |
|  | 녀 | ต้องรอนานเท่าไหร่คะ | 떵 러 난 타오라이카 |
| 자리 있어요? | 남 | มีที่นั่งไหมครับ | 미 티 낭마이 크랍 |
|  | 녀 | มีที่นั่งไหมคะ | 미 티 낭마이 카 |
| 이 집에서 가장 인기 있는 메뉴는 뭐예요? | 남 | ร้านนี้เมนูที่ขึ้นชื่อที่สุดคืออะไรครับ | 란 니 메 누 티 큰 츠 티 슷크 아라이 크랍 |
|  | 녀 | ร้านนี้เมนูที่ขึ้นชื่อที่สุดคืออะไรคะ | 란 니 메 누 티 큰 츠 티 슷크 아라이 카 |
| 계산서 주세요. | 남 | ขอใบเช็ครายการอาหารด้วยครับ | 커 바이 첵 라 이깐 아 한 두 어이 크랍 |
|  | 녀 | ขอใบเช็ครายการอาหารด้วยค่ะ | 커 바이 첵 라 이깐 아 한 두 어이 카 |
| 이 금액이 틀려요. | 남 | ยอดเงินผิดครับ | 엿 응언 핏 크랍 |
|  | 녀 | ยอดเงินผิดค่ะ | 엿 응언 핏 카 |

## ■ 카페에서

| 한국어 | 성별 | 태국어 | 발음 |
|---|---|---|---|
| 피 한 잔 주세요. | 남 | ขอกาแฟแก้วนึงครับ | 커 까 홰 깨 우 능크랍 |
|  | 녀 | ขอกาแฟแก้วนึงค่ะ | 커 까 홰 깨 우 능카 |
| 차가운 것으로 주세요. | 남 | ขอกาแฟเย็นครับ | 커 까 홰 옌크랍 |
|  | 녀 | ขอกาแฟเย็นค่ะ | 커 까 홰 옌카 |
| 아메리카노 한 잔 주세요. | 남 | ขออเมริกาโนแก้วนึงครับ | 커 아메 리까 노 깨 우 능크랍 |
|  | 녀 | ขออเมริกาโนแก้วนึงค่ะ | 커 아메 리까 노 깨 우 능카 |
| 테이크 아웃으로 할게요. | 남 | ขอเทคเอาท์นะครับ | 커 텍 아오나 크랍 |
|  | 녀 | ขอเทคเอาท์นะคะ | 커 텍 아오나 카 |
| 샷 추가해 주세요. | 남 | ขอเพิ่มความเข้มพิเศษครับ | 커 픔 쾀 켐 피셋 크랍 |
|  | 녀 | ขอเพิ่มความเข้มพิเศษค่ะ | 커 픔 쾀 켐 피셋 카 |
| 이거 리필해 주세요. | 남 | ขอรีฟิวอันนี้หน่อยครับ | 커 리 휘우안니 너 이 크랍 |
|  | 녀 | ขอรีฟิวอันนี้หน่อยค่ะ | 커 리휘우안니 너 이 카 |

## ■ 관광지에서

| 한국어 | 성별 | 태국어 | 발음 |
|---|---|---|---|
| 관광 안내소가 어디예요? | 남 | ศูนย์แนะนำแหล่งท่องเที่ยวอยู่ที่ไหนครับ | 쑨 내남 랭 텅티 여우유티 나이 크랍 |
| | 녀 | ศูนย์แนะนำแหล่งท่องเที่ยวอยู่ที่ไหนคะ | 쑨 내남 랭 텅 티 여우유티나이 카 |
| 입장료는 얼마예요? | 남 | ค่าเข้าเท่าไหร่ครับ | 카 카오타오라이 크랍 |
| | 녀 | ค่าเข้าเท่าไหร่คะ | 카 카오타오라이 카 |
| 학생 할인이 돼요? | 남 | ลดให้นักเรียนไหมครับ | 롯 하이 낙리 얀마이 크랍 |
| | 녀 | ลดให้นักเรียนไหมคะ | 롯 하이 낙리 얀마이 카 |
| 몇 시에 떠나요? | 남 | จะออกกี่โมงครับ | 짜 억 끼 몽 크랍 |
| | 녀 | จะออกกี่โมงคะ | 짜 억 끼 몽 카 |
| 미리 준비해야 할 것이 있어요? | 남 | สิ่งที่ต้องเตรียมไว้ก่อนมือะไรบ้างครับ | 씽 티 떵 뜨리 얌와이 껀 미 아라이 방 크랍 |
| | 녀 | สิ่งที่ต้องเตรียมไว้ก่อนมือะไรบ้างคะ | 씽 티 떵 뜨리 얌와이 껀 미 아라이 방 카 |
| 언제, 어디에서 만나요? | 남 | เจอกันที่ไหนเมื่อไหร่ครับ | 쩌 깐티 나이므 어라이크랍 |
| | 녀 | เจอกันที่ไหนเมื่อไหร่คะ | 쩌 깐티 나이므 어라이카 |

## ■ 긴급상황

| 한국어 | 성별 | 태국어 | 발음 |
|---|---|---|---|
| 혹시 제 가방 못 보셨어요? | 남 | ไม่เห็นกระเป๋าของผมเหรอครับ | 마이 헨 끄라빠오컹 폼 러 크랍 |
| | 녀 | ไม่เห็นกระเป๋าของดิฉันเหรอคะ | 마이 헨 끄라빠오컹 디찬 러 카 |
| 아무리 찾아도 없어요. | 남 | หายังไงก็ไม่มีครับ | 하 양응아이 꺼 마이 미 크랍 |
| | 녀 | หายังไงก็ไม่มีค่ะ | 하 양응아이 꺼 마이 미 카 |
| 경찰서가 어디예요? | 남 | สถานีตำรวจอยู่ที่ไหนครับ | 싸타 니 땀루 엇유 티 나이 크랍 |
| | 녀 | สถานีตำรวจอยู่ที่ไหนคะ | 싸타 니 땀루 엇유 티 나이 카 |
| 도와주세요! | 남 | ช่วยด้วย | 추 어이 두 어이 |
| | 녀 | | |
| 제 지갑을 소매 치기 당했어요. | 남 | ผมโดนล้วงกระเป๋าสตางค์ครับ | 폼 돈 루 엉 끄라빠오 싸 땅 크랍 |
| | 녀 | ดิฉันโดนล้วงกระเป๋าสตางค์ค่ะ | 디찬 돈 루 엉 끄라빠오 싸 땅 카 |
| 지금 한국 대사관으로 연락해 주세요. | 남 | กรุณาช่วยติดต่อสถานทูตเกาหลีตอนนี้ครับ | 까루나 추 어이 띳떠 싸탄 툿 까올리 떤 니 크랍 |
| | 녀 | กรุณาช่วยติดต่อสถานทูตเกาหลีตอนนี้ค่ะ | 까루나 추 어이 띳떠 싸탄 툿 까올리 떤 니 카 |

## ■ 교통수단에서

| 한국어 | 성별 | 태국어 | 발음 |
|---|---|---|---|
| 제가 지금 있는 곳이 어디예요? | 남 | ที่ที่ผมอยู่ตอนนี้คือที่ไหนครับ | 티 티 폼 유 떤 니 크 티 나이크랍 |
| | 녀 | ที่ที่ดิฉันอยู่ตอนนี้คือที่ไหนคะ | 티 티 디찬 유 떤 니 크 티 나이카 |
| 공중화장실은 어디에 있어요? | 남 | ห้องน้ำสาธารณะอยู่ที่ไหนครับ | 헝 남 싸 타 라나유 티나이 크 |
| | 녀 | ห้องน้ำสาธารณะอยู่ที่ไหนคะ | 헝 남 싸 타 라나유 티 나이 카 |
| 걸어서 얼마나 걸려요? | 남 | เดินไปใช้เวลาเท่าไหร่ครับ | 든 빠이 차이 외 라 타오라이 크랍 |
| | 녀 | เดินไปใช้เวลาเท่าไหร่คะ | 든 빠이 차이 외 라 타오라이 카 |
| 여기에 세워 주세요. | 남 | ช่วยจอดที่นี่ครับ | 추 어이 쩟 티 니 크랍 |
| | 녀 | ช่วยจอดที่นี่คะ | 추 어이 쩟 티 니카 |
| 지하철역은 어디 있습니까? | 남 | สถานีรถไฟใต้ดินอยู่ที่ไหนครับ | 싸타 니 롯화이 따이 딘유 티 나이 크랍 |
| | 녀 | สถานีรถไฟใต้ดินอยู่ที่ไหนคะ | 싸타 니 롯화이 따이 딘유 티나이 카 |
| 요금이 어떻게 돼요? | 남 | ค่าตัวเท่าไหร่ครับ | 카 뚜어타오라이 크랍 |
| | 녀 | ค่าตัวเท่าไหร่ครับ | 카 뚜 어타오라이 카 |

## ■ 태국 숫자

| 한국어 | 태국어 | 발음 |
|---|---|---|
| 일 | หนึ่ง | 능 |
| 이 | สอง | 썽 |
| 삼 | สาม | 쌈 |
| 사 | สี่ | 씨 |
| 오 | ห้า | 하 |
| 육 | หก | 혹 |
| 칠 | เจ็ด | 쨋 |
| 팔 | แปด | 뺏 |
| 구 | เก้า | 까오 |
| 십 | สิบ | 씹 |
| 이십 | ยี่สิบ | 이 씹 |
| 삼십 | สามสิบ | 쌈 씹 |
| 사십 | สี่สิบ | 씨 씹 |
| 오십 | ห้าสิบ | 하 씹 |
| 육십 | หกสิบ | 혹씹 |
| 칠십 | เจ็ดสิบ | 쨋씹 |
| 팔십 | แปดสิบ | 뺏 씹 |
| 구십 | เก้าสิบ | 까오씹 |
| 백 | หนึ่งร้อย | 능러 이 |
| 천 | หนึ่งพัน | 능판 |
| 만 | หนึ่งหมื่น | 능믄 |

## 조대현

현재 스페인에 거주하면서 63개국, 198개 도시 이상을 여행하면서 강의와 여행 컨설팅, 잡지 등의 칼럼을 쓰고 있다. MBC TV 특강 2회 출연(새로운 나를 찾아가는 여행, 자녀와 함께 하는 여행)과 꽃보다 청춘 아이슬란드에 아이슬란드 링로드가 나오면서 인기를 얻었고, 다양한 강의로 인기를 높이고 있으며 "해시태그" 여행시리즈를 집필하고 있다. 저서로 아이슬란드, 모로코, 가고시마, 발트 3국, 블라디보스토크, 조지아, 폴란드 등이 출간되었고 이탈리아, 오스트리아, 프랑스, 스페인 북부 등이 발간될 예정이다.

폴라 http://naver.me/xPEdlD2t

## 김경진

자칭 동남아 전문가로 세계여행 후 베트남, 태국, 말레이시아에 정착하면서 그들과 같이 호흡했다. 배낭 하나 달랑 메고 자유롭게 여행하는 꿈을 가슴에 품고 살았다. 반복된 일상에 삶의 돌파구가 간절히 필요할 때, 이때가 아니면 언제 여행을 떠날 수 있을까 하는 마음에 느닷없이 떠났다.
남들처럼 여행하지 않고 다른 듯 같게 여행한다. 남들보다 느릿느릿 여행하면서 남미를 11개월 동안 다니면서 여행의 맛을 알았다. 그 이후 세월은 흘러 내 책을 갖기까지 오랜 시간이 걸렸지만, 덕분에 나의 책을 갖게 되었다.

# 끄라비


**초판 1쇄 인쇄 |** 2023년 3월 21일
**초판 1쇄 발행 |** 2023년 4월 6일

**글 |** 김경진, 조대현
**사진 |** 조대현
**펴낸곳 |** 해시태그출판사
**편집 · 교정 |** 박수미
**디자인 |** 서희정

**주소 |** 서울시 강서구 허준로 175
**이메일 |** mlove9@naver.com

979-11-92472-84-3(03910)




※ 일러두기 : 본 도서의 지명은 현지인의 발음에 의거하여 표기하였습니다.